L'EDUCAZIONE
del tuo cane

Emanuela Valena

L'EDUCAZIONE
del tuo cane

De Vecchi

Progetto grafico, redazione e impaginazione: Redint Studio s.r.l.

Illustrazioni: Moreno Chiacchiera

Per informazioni e segnalazioni:
info.devecchi@giunti.it

www.giunti.it

Via Bolognese 165 - 50139 Firenze - Italia
Piazza Virgilio 4 - 20123 Milano - Italia

Prima edizione: ottobre 2015

Ristampa	Anno
7 6 5 4 3 2 1 0	2018 2017 2016 2015

FSC MISTO
Carta da fonti gestite in maniera responsabile
FSC® C023532
www.fsc.org

Stampato presso Giunti Industrie Grafiche S.p.A. – Stabilimento di Prato

Indice

a Jack, Cindy e Whisky, che mi proteggono dal cielo
a Candy e Heidi, con le quali condivido la mia vita

INTRODUZIONE

Il cane è un animale sociale e in natura la sua famiglia è il branco, un nucleo all'interno del quale si sente protetto e al sicuro e dove esistono regole ferree da rispettare. All'interno di ogni gruppo è sempre presente un capo, una guida saggia e forte che si prende cura di tutti gli altri. Il nostro cane ha bisogno di sapere che fa parte del branco, della famiglia, e necessita di capire qual è il ruolo al suo interno.

Per essere la sua guida saggia dobbiamo infondergli sicurezza e dedicargli molto tempo. Per questo il cucciolo deve essere educato sin dal primo momento in cui entra nella sua nuova casa. Attenzione: educare non significa addestrare. Educare un cane significa insegnargli le regole necessarie per una buona convivenza con i membri del suo nuovo branco. In un certo senso, possiamo paragonare l'educazione del cane a una sorta di scuola elementare, che gli serva per inserirsi senza traumi e con soddisfazione nella vita sociale esterna.

Un passo indietro

L'ANTENATO DEL CANE: IL LUPO

Gli studiosi sono ormai concordi nel ritenere il lupo il vero precursore del cane; per capire il comportamento del cane dobbiamo rifarci ai canidi e in modo particolare al lupo.

Nei branchi dei canidi l'**ordine gerarchico** è molto rigido e ben definito; vi è una coppia di **soggetti dominanti** (i soggetti alfa) su cui ricadono diverse responsabilità: la direzione delle attività di caccia, l'organizzazione della difesa del territorio, la scelta del luogo dove collocare la tana, la riproduzione e l'allevamento dei cuccioli.

La supremazia dei soggetti alfa è garantita dai continui atti di sottomissione da parte dei subordinati; gli scontri con i pretendenti al ruolo dominante sono rari e limitati di solito ai periodi iniziali e finali di un soggetto alfa, cioè quando è ancora giovane e deve affermarsi e quando inizia il suo declino fisico. È possibile intuire i motivi di questi comportamenti: un branco in cui avvenissero continue sfide per il comando, infatti, perderebbe l'efficienza fisica dei membri più validi, con la conseguenza di ottenere risultati sempre più scarsi nella caccia e quindi nell'allevamento dei cuccioli, disponendo di minori risorse alimentari.

La vita di branco impone il massimo rispetto delle regole e un'obbedienza immediata ai segnali del leader.

Il lupo
Come nei branchi di lupi esiste il leader, così anche per il cane è importante riconoscere la propria guida.

La vita di branco impone il massimo **rispetto delle regole** e un'obbedienza immediata ai segnali del leader, altrimenti la vita di tutti i membri potrebbe correre gravi rischi. Facciamo un esempio: se mamma lupa si allontana improvvisamente da un determinato luogo, tutti i cuccioli devono immediatamente seguirla senza attardarsi a effettuare valutazioni personali, indipendentemente dal fatto che ci sia un pericolo o meno; se un cucciolo è distratto o riluttante a muoversi, la madre provvederà all'istante a richiamarlo all'ordine.

DAL LUPO AL CANE

Come il lupo, anche il cane in natura vive in branco, un nucleo all'interno del quale si sente al sicuro e dove esistono regole precise che tutti i membri devono rispettare. All'interno di ogni gruppo è sempre presente un capo, una guida forte che si prende cura di tutti gli altri.

Una guida sicura
I cani, fin da cuccioli, devono riconoscere il leader, la figura di riferimento cui obbedire.

Il cane che arriva in una nuova casa ha bisogno di sapere che fa parte di quella **famiglia**, necessita di aver chiaro qual è il **ruolo** al suo interno, riconoscendo nel proprietario il suo **leader**. Dal canto suo, per diventare una guida saggia il proprietario non deve imporre lo status ma guadagnarselo: dovrà quindi ottenere la fiducia del cane, non il suo timore.

Il cane che arriva in una nuova casa deve riconoscere nel proprietario il suo leader.

PER APPROFONDIRE

Perché il cane ci consideri una guida sicura dobbiamo:

- **Soddisfare i suoi bisogni:** fornire acqua, cibo e un ricovero adeguato.
- **Stare molto tempo con lui** condividendo più esperienze possibili.
- **Farlo stare con i suoi simili.**
- **Conoscere la sua lingua:** comunicare è la base per creare una buona relazione.
- **Proteggerlo** evitando situazioni spiacevoli così si fiderà di noi e si sentirà al sicuro.
- **Educarlo**, impartendo le regole e potenziando le sue capacità e abilità.

Educare il cane

Con il termine **educazione** si intende quel processo attraverso il quale vengono insegnate al cane le regole necessarie per una buona convivenza con i membri della famiglia, il suo nuovo branco: è una sorta di **apprendimento a stare al mondo**.
Quando si adotta un cucciolo dobbiamo tutelare la sua salute e nello stesso tempo, non meno importante, pensare all'educazione. Educare un cucciolo a essere calmo e ubbidiente è essenziale per la sua salute e il suo benessere quanto occuparsi delle sue esigenze di tipo medico.

> ***Tutti i cani devono essere educati, indipendentemente dalla taglia o dalla razza.***

L'educazione è per il cane una sorta di scuola elementare dell'obbligo per inserirsi senza traumi e con soddisfazione nella vita sociale esterna; l'educazione è una cosa ben diversa dall'addestramento: in questo caso al cane viene insegnata una specifica attività, come l'*obedience*, l'*agility dog*, la ricerca di persone scomparse, la caccia ecc.
Tutti i cani devono essere educati, indipendentemente dalla taglia o dalla razza.

BISOGNO DI REGOLE

Il cane deve ricevere poche regole ma chiare. Dal suo punto di vista le regole non vengono subite come un'imposizione, ma accettate con grande naturalezza e addirittura desiderate. Un cane senza guida, spe-

TUTTI I CANI DEVONO ESSERE EDUCATI

L'educazione riguarda tutti

Non importa se il cane è un meticcio o di razza purissima, se di taglia piccolissima o grande: tutti devono ricevere un'educazione che gli consenta di vivere con altri animali e umani.

cialmente se cucciolo, sarà un cane insicuro.

Troppo spesso sentiamo la gente lamentarsi per i problemi di "ubbidienza" del cane: questi derivano dalla mancanza di regole precise, essenziali per un animale sociale quale è il cane. Se il cane ignora il richiamo, si scaglia fuori dall'uscio di casa, esige cibo da tavola o richiede costantemente attenzione, probabilmente non riconosce il proprietario come guida.

Per questo occorre iniziare l'educazione non appena il cucciolo entra nella nuova famiglia.

Un animale sociale
Un cane ha bisogno di regole chiare per poter stare con gli altri.

Vi è poi un aspetto fondamentale nel processo educativo che trova origine nel significato della parola latina da cui deriva il termine educazione: *ex-ducere* significa tirar fuori, condurre fuori. Quindi, nell'educazione si deve cercare di tirar fuori ciò che è nascosto, considerando che «la mente del cane non è un vaso da riempire ma un giardino da coltivare con amore e dedizione».

Si deve quindi aiutare il cane a sviluppare le sue capacità cognitive e sociali per creare una relazione felice con la sua famiglia. Attraverso l'educazione il cane può potenziare la memoria, l'apprendimento, la concentrazione, l'attenzione, l'orientamento, l'organizzazione e l'inibizione del comportamento e migliora la capacità di relazionarsi con gli altri in maniera positiva, costruttiva e socialmente compatibile.

Va considerato che ogni cane ha il suo carattere e occorre riconoscere queste diversità per capire il miglior approccio da adottare e ciò che deve essere insegnato in prima battuta.

Si deve aiutare il cane a sviluppare le sue capacità cognitive e sociali per creare una relazione felice con la sua famiglia.

Dalla nascita all'arrivo a casa

PRIMA DI ARRIVARE A CASA

L'allevatore che gestisce il cucciolo dalla nascita fino ai due mesi di età riveste un ruolo molto importante. Infatti, al contrario di quanto si pensava una volta, i cuccioli possono essere adottati dopo le **otto settimane** di vita; è in questo lasso di tempo che il cucciolo apprende da madre e fratelli alcuni **comportamenti naturali**: l'inibizione al morso, cioè giocare e mordicchiare senza stringere troppo, la sottomissione, la punizione materna, la sopravvivenza e la lotta per il cibo.

I cuccioli possono essere adottati dopo le otto settimane di vita.

I PRIMI DUE MESI DI VITA

La mamma cagna deve partorire e allevare i cuccioli in un luogo idoneo per tutelare la salute fisica e mentale dei cuccioli. I neonati devono poter essere precocemente **stimolati**, potenziando i cinque sensi: ascoltare suoni e rumori, toccare diverse superfici, vedere e conoscere persone diverse, sentire vari odori, assaporare i vari gusti; tutto deve essere proposto in modo graduale, rispettando pazientemente le tappe del cucciolo: la fretta, come sempre, è una cattiva consigliera.

Quando il cucciolo ha **30 giorni** di vita può iniziare lo **svezzamento** e ai 40 giorni potrebbe vivere senza la mamma, perché non necessita più del suo latte. Tuttavia per crescere equilibrato dal punto di vista caratteriale

Nei primi due mesi
Dalla madre e dai fratelli il cucciolo apprende i comportamenti naturali, imparando, ad esempio, a giocare e mordicchiare senza stringere troppo.

L'allevatore

Il ruolo dell'allevatore è determinante per il benessere e l'equilibrio del cane da adulto. Se allontana troppo precocemente i cuccioli da mamma cagna, da grande i cuccioli potrebbero sviluppare problemi caratteriali, essere ansiosi, timorosi o litigiosi.

I cuccioli che sono staccati precocemente dalla mamma sviluppano frequentemente problemi.

deve rimanere necessariamente con mamma e fratellini fino ai 60 giorni.
È solo in questi 20 giorni che la mamma inizia a rimproverare i cuccioli e a far capire loro come comportarsi con altri cani e uomini. I cuccioli che sono staccati precocemente dalla mamma sviluppano frequentemente problemi: crescendo saranno adulti ansiosi, timorosi o che entrano spesso in conflitto con il proprietario o con gli altri cani.

Ad esempio, i cuccioli che vivono i primi due mesi solo all'interno di un box, poco illuminato e povero di rumori, e hanno rapporti solo con l'allevatore, avranno sicuramente problemi ad adattarsi nella loro nuova casa.
Ecco perché l'allevatore gioca un ruolo determinante per la salute, il benessere e l'equilibrio del cane da adulto.

Dopo lo svezzamento
Quando il cucciolo ha circa 40 giorni mamma cagna gli insegna come comportarsi con animali e umani.

> ***Tutti i cani devono essere educati, dal cucciolo al cane anziano.***

NELLA NUOVA CASA

Partiamo da un presupposto: tutti i cani devono essere educati, dal cucciolo al cane anziano. Quindi, prima si inizia e meglio è.

Una volta che il cucciolo arriva nella sua nuova casa, occorre impegnarsi a continuare la sua socializzazione, esponendolo gradualmente alla più vasta gamma possibile di persone, animali ed esperienze.

La socializzazione del cucciolo

Il periodo sensibile e cruciale per il **processo di socializzazione** va dalla quarta alla dodicesima-quattordicesima settimana di vita. Quindi, se il cucciolo è arrivato nella sua nuova casa all'età di otto settimane, non possiamo rimandare il tutto al

PER APPROFONDIRE

Partiamo con i fondamentali!

Man mano che i bambini piccoli iniziano a parlottare si insegna loro a dire "per favore". È la base della loro educazione!

Allo stesso modo al cane dovremmo insegnare il comando "seduto" (in seguito vedremo come impostarlo). Il cane deve imparare che per richiedere le coccole o il cibo o per invitare al gioco deve prima sedersi.

Un passo alla volta
Quando il cucciolo arriva a casa è bene che la sua socializzazione prosegua ma per gradi.

momento in cui sarà più grande. Occorre proseguire l'opera di socializzazione iniziata dalla mamma e dall'allevatore.

Bisogna però ricordare quanto sia importante procedere gradualmente con un'**esposizione progressiva**, per evitare che insorgano grandi paure; ad esempio, non è una buona idea portare il cucciolo appena adottato in luoghi molto affollati, come possono essere un mercato o una grande stazione; è bene iniziare con l'approccio di poche persone e l'esposizione a pochi rumori.

La manipolazione

Il cucciolo deve essere poi manipolato **quotidianamente**. Si dovrà controllare il pelo, le zampe, le unghie e i denti per due motivi: innanzitutto, per verificare il suo stato di salute, poi per

Il nuovo proprietario

Anche se il batuffolo di pelo appena arrivato fa molta tenerezza e ispira coccole, non bisogna accontentarlo ogni volta, poiché deve imparare a essere deferente per ricevere attenzioni. Non è lui a comandare!

abituare il cucciolo ad accettare con naturalezza i controlli da parte del capo branco, la famosa guida saggia.

Stabilire la leadership

Per rafforzare la nostra **leadership** dovremmo evitare di dare cibo da tavola – qualche avanzo può essere concesso, ma solo quando avremo finito di mangiare, e mettendo il cibo nella sua ciotola.

Occorre "controllare l'iniziativa": che cosa significa questo? Vuol dire che non bisogna rispondere a tutte le richieste d'attenzione che manda il cucciolo: se per 10 volte il cane ci chiede di essere accarezzato, dobbiamo esaudirlo per la metà delle volte ed è bene richiamare saltuariamente il cucciolo quando è distratto e coccolarlo appena arriva da noi.

Il cucciolo, quindi, deve imparare che deve essere costantemente deferente verso le persone se vuole ricevere attenzioni.

La sua nuova guida dovrà, poi, insegnargli i comandi base: "vieni", "seduto", "terra", "resta", "piede". Parleremo ampiamente di questo più avanti.

PER RIASSUMERE

Il ruolo del nuovo proprietario

- Esporre il cucciolo precocemente e ampiamente a stimoli diversi: il cane deve interagire con altri esseri umani, adulti e bambini, altri cani e altri animali, sentire rumori vari, sperimentare varie esperienze (andare in macchina, frequentare luoghi con altra gente ecc.).
- Manipolarlo quotidianamente: pulire i denti e le orecchie, toccare zampe e unghie, spazzolarlo ecc.
- Insegnargli che deve essere deferente verso le persone per ricevere attenzioni.
- Insegnargli i comandi base: "vieni", "seduto", "terra", "resta", "piede".

STO ARRIVANDO! PREPARARSI ALL'ARRIVO DEL CUCCIOLO

Quando entra nella nuova famiglia, il cucciolo ha lasciato da pochissimo la presenza quasi costante di mamma e fratelli e il buio e la notte potrebbero spaventarlo. È importantissimo farlo dormire in casa, non necessariamente in camera: tuttavia il cucciolo deve sapere che noi dormiamo lì vicino.

PER APPROFONDIRE

Suggerimenti

Se piange è bene non considerarlo: se si va a consolarlo mentre abbaia o guaisce imparerà a farlo proprio per attirare la nostra attenzione e si passeranno notti insonni per molto tempo. Quando il cucciolo è tranquillo nella sua cesta è bene andare a trovarlo per fargli capire che non l'abbiamo abbandonato e che solo se non piange arriverà il suo compagno.

Abituare il cucciolo a stare un po' per conto proprio fin dal primo momento in cui arriva a casa. Se diventa oggetto di attenzioni per tutto il giorno non riuscirà a rimanere tranquillo tutta la notte. Se ci segue, evitare di girarsi e guardarlo ed evitare di farsi seguire in bagno e chiudere ogni tanto la porta della cucina quando si sta cucinando. I cani che sono l'ombra del proprietario sono insicuri e troppo dipendenti.

Imparare a stare nella cesta

Se nella cesta il cucciolo guaisce o abbaia non bisogna dargli attenzioni, altrimenti non imparerà mai a stare da solo.

Dove posso dormire???

È essenziale **fare in modo che il nuovo arrivato abbia un suo spazio**, magari un angolo della stanza, delimitato con dei recinti o separato da un cancelletto per bambini.

La cesta deve essere accogliente e protettiva. L'ideale è mettere nella cesta una coperta che sia impregnata dell'odore di mamma cagna e dei fratelli; è bene proporgli un giocattolo, tipo un peluche caldo, stando però attenti che non lo distrugga.

Una volta a casa, bisogna impostare correttamente la convivenza con il nostro nuovo amico.

Ora che il nostro cucciolo è a casa, inizia una nuova avventura: occorre impostare correttamente la convivenza. Non basta predisporre il suo luogo: il cucciolo dovrà imparare a gestire i bisogni, a fare la pappa correttamente, a giocare, a stare con gli altri membri della famiglia ecc. Pronti a educare il nostro cucciolo?

Vecchi metodi *versus* educazione dolce

I VECCHI METODI

Per moltissimi anni, l'addestramento cinofilo era prevalentemente militaresco e **dittatoriale nei confronti del cane**.

Al cane venivano impartiti i comandi in tedesco al fine di sembrare più severi e duri; si pronunciavano: "fuss" per metterlo "al piede", "sitz" per farlo sedere, "platz" per metterlo a terra.

Il miglior amico dell'uomo era un soggetto da controllare con la forza e uno strumento da finalizzare a una precisa attività.

Per diventare un capo, il proprietario usava la sua forza fisica e imponeva la sua legge senza conoscere, rispettare il carattere e la natura del cane; la **punizione** anche fisica era quasi l'unico modo per "far capire al cane".

Si pensava che solo con queste metodiche si poteva aspirare a ottenere medaglie e coppe nelle gare cinofile; nella realtà molti dei cani allenati così hanno poi manifestato gravi problemi comportamentali, diventando soggetti ansiosi e o aggressivi.

Se si costringe un cane a obbedire con minacce si ottiene un cane che ha paura del suo proprietario...

Per anni l'addestramento cinofilo era prevalentemente militaresco e prevaricatore nei confronti del cane.

I vecchi metodi violenti
I vecchi metodi di addestramento rendono il cane triste e problematico.

I NUOVI METODI

La vera radicale svolta sul tema dell'addestramento e dell'educazione del cane si è avuta con gli **studi di zooantropologia**; si tratta di un approccio filosoficamente innovativo, dove il nuovo punto di partenza è la **relazione fra noi e il cane**.

Il cane non è più oggetto ma soggetto della relazione.

Nell'approccio cognitivo-zooantropologico, il cane è innanzitutto considerato come un **essere a tutto tondo**, dotato di proprie capacità cognitive, con tutto ciò che ne consegue, quindi, motivazioni, emozioni, memoria, comunicazione ecc.

> **Con i nuovi metodi educativi il cane non è più oggetto ma soggetto della relazione.**

Si concretizza, così, un vero e proprio **progetto pedagogico** per la strutturazione del carattere del cane e per lo sviluppo della relazione con il proprietario. L'obiettivo finale sarà una **coppia perfettamente in sintonia** nel mondo, rispettando le indubbie diversità di ruoli e competenze.
Con queste premesse cane e uomo potranno dedicarsi in modo eccelso alle varie attività sportive come l'*agility dog* o sociali come la *pet therapy*.

Il medoto gentile

Il **metodo gentile** deve essere l'unico strumento di insegnamento per i nostri cani. Questo metodo si basa sulla capacità del cane di **imparare per associazione**, tramite il rinforzo positivo, ma anche sulla capacità dell'uomo di osservare e capire il cane e di dargli le giuste informazioni, per aiutarlo a fare ciò che intendiamo fargli fare. I benefici per la coppia uomo-cane sono numerosissimi; l'uomo impara a osservare i comportamenti graditi invece di concentrare tutta l'attenzione su quelli sgraditi. Inoltre, impara a comunicare e collaborare con l'animale. Non vi è la necessità di imporsi, di dominare, di sgridare e punire: è il cane a voler fare quello che gli viene chiesto.
Il cane ha finalmente la possibilità di capire quello che gli chiediamo. Eppure, troppo spesso sentiamo che gli viene urlato "vieni!", "seduto" o "a cuccia!". Ma come si può pretendere che il cane capisca che cosa gli stiamo chiedendo?

Facciamo un esempio: se a una persona che non ha mai cucinato in vita sua e si è ben tenuta alla larga dai fornelli le viene ordinato: "Prepara una torta Saint Honoré", non saprà assolutamente da dove partire. E questo vale anche per i nostri amici a quattro zampe!

Un educatore gentile usa la propria testa per comunicare e insegnare al cane dei comportamenti graditi o per modificare dei comportamenti sgraditi. Usa la propria mente, la propria capacità di osservare, di "parlare" con il cane.

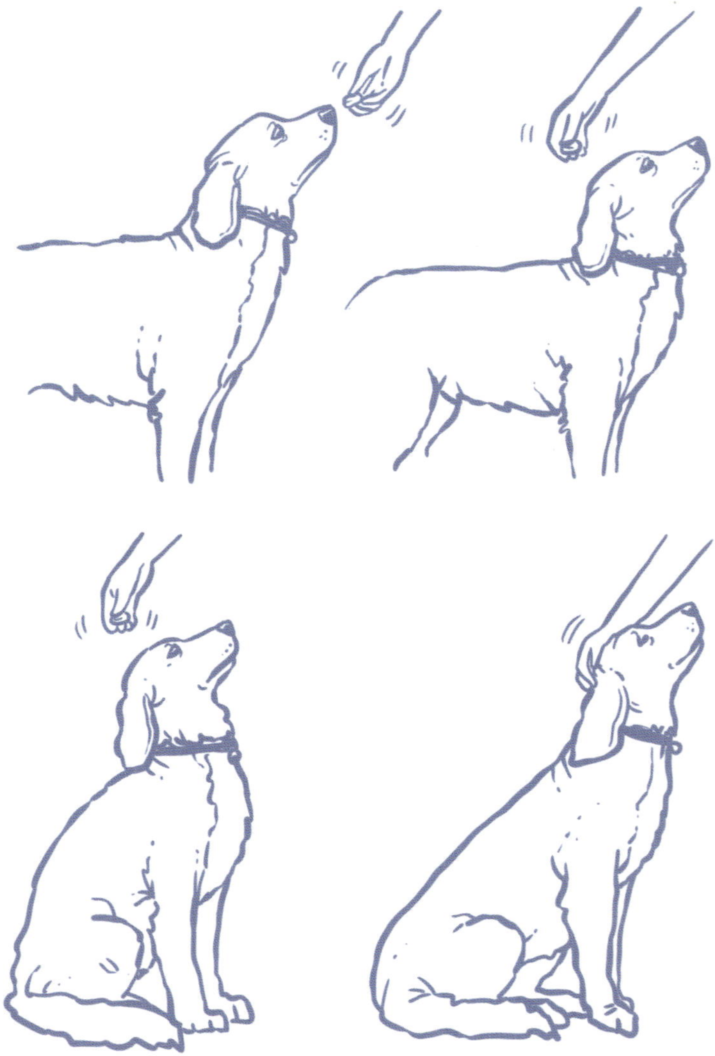

Il rinforzo positivo
Con il metodo gentile il cane apprende che se fa qualcosa che gli viene chiesto riceve subito una ricompensa (il rinforzo).

PER APPROFONDIRE

I vecchi metodi di addestramento

- Se non fai quello che dico ti punisco.
- Ti parlo ma non ti spiego quello che devi fare.
- Ti parlo anche in tedesco così sembro più duro.
- Non sono paziente: devi fare immediatamente quello che dico.
- Io sono il capo e con la forza ti sottometto.
- Devi avere paura di me perché io sono più forte.

I nuovi metodi di educazione

- Quando esegui bene qualcosa io ti premio.
- Io uso molto il mio corpo, faccio gesti per spiegarti le cose.
- Non ti parlo in un'altra lingua ma ti parlo in italiano e sottovoce.
- Sono molto paziente, non ho fretta, so che ogni cane ha i suoi tempi.
- Io sono la tua guida saggia.
- Io sono bravo, sto molto tempo con te, condivido molto della mia vita con te, ti spiego che per vivere bene devi rispettare le regole.
- Ti puoi fidare di me, con me sei al sicuro.
- Io e te ci divertiamo molto: quante passeggiate e giochi!
- Io ti aiuto a potenziare le tue capacità.

Poniamoci una domanda: in genere, si preferisce un insegnante che spiega e comunica usando i muscoli o che fa leva sulla sua intelligenza e su quella dei propri alunni? Cioè, si preferisce collaborare o essere costretti a fare qualcosa? La risposta, supponiamo, è chiara a tutti!

In pratica

Ma di cosa stiamo parlando in pratica? Per educare i nostri cani con il metodo gentile servono tanti **piccoli premi**! Nelle mani dell'educatore gentile ci saranno molti bocconcini e con questo metodo non dobbiamo temere di "comprare" il cane, perché si tratta solo di uno strumento per capirci con il nostro amico. I bocconcini sono l'informazione iniziale data al cane.

Per imparare, il cane segue una regola molto semplice: funziona, non funziona, è vantaggioso, è svantaggioso.

Il cane fa qualcosa e gli arriva un premio (rinforzo positivo): in questo modo il cane scopre che quel particolare comportamento è vantaggioso e gli permette di ottenere qualcosa che gli piace, quindi ripete il comportamento.

Il meccanismo utilizzato con il metodo gentile permette di insegnare a un cane a fare qualcosa; un meccanismo naturale, semplice, e proprio per questo **comprensibile da tutti i cani**. Più una cosa è semplice, più sarà facile per il cane capirla e farla.
Certo, essere un buon insegnante richiede impegno, lavoro, conoscenze, abilità, coerenza, pazienza, determinazione, esperienza. Non serve dimostrare chi è il più forte.

Un buon insegnante per un cane deve essere:

- **abile;**
- **coerente;**
- **paziente;**
- **esperto.**

Un cane educato è un individuo che ha imparato una determinata azione ed è contento di eseguirla ogni volta che gli viene chiesta. In più il proprietario sarà felice di avere un cane educato ma ricordiamoci che

I premi
Con il metodo del rinforzo positivo il cane riceve un premio quando fa quello che gli viene chiesto.

l'educazione e l'addestramento sono un regalo che noi facciamo al cane: gli insegniamo a inserirsi correttamente nel branco-famiglia e a svolgere compiti utili e piacevoli. Il cane, come tutti gli esseri viventi, per poter imparare deve seguire una **regola** elementare: **funziona, non funziona, è vantaggioso, è svantaggioso** e quindi ripeterà solo quel comportamento con cui ha ottenuto qualcosa di gradito.

LE PAROLE CHIAVE
- **collaborare;**
- **comunicare;**
- **insegnare.**

Con il metodo collaborativo possiamo cominciare dal primo giorno in cui il cucciolo entra nella nostra famiglia. I cuccioli imparano in ogni momento della giornata, non solo quando decidiamo di insegnare loro qualcosa!
Questa **straordinaria capacità di apprendimento** permette al cane di **adattarsi alla nuova famiglia**, a un certo stile di vita, di affezionarsi alle persone e all'ambiente in cui vive. I principi del metodo gentile sfruttano la capacità di apprendimento del cane per insegnargli a preferire e ripetere certi comportamenti a noi graditi.

I comandi base

Partiamo dall'insegnare al nostro cane i comandi base: "seduto", "resta", "vieni". Ovviamente, educhiamo il nostro amico a questi comandi non perché vogliamo avere al nostro fianco un animale da circo, ma per creare un'interazione corretta.

Insegnare il "**seduto**" ai cani è come insegnare a un bimbo a dire "**per favore**".

I comandi "**resta**" e "**vieni**" sono da considerarsi dei **salvavita** in situazioni pericolose.

QUESTIONE DI LINGUAGGIO

Grazie alle moderne conoscenze etologiche si sa che noi umani dobbiamo usare maggiormente la **comunicazione gestuale** rispetto a quella vocale, come fanno tra di loro i cani. In modo particolare, quando iniziamo con l'addestramento, quando stiamo per insegnare il comando, non dobbiamo usare il comando verbale perché sarebbe inutile.

Se continuiamo a dire "seduto" e il cane non si siede, abbiamo soltanto sprecato/perso il comando: è come se qualcuno ci dicesse una parola in una lingua a noi sconosciuta e dobbiamo capirne il significato! Con la comunicazione a gesti possiamo permetterci più errori.

Quando si fanno gli esercizi è vietato il comando "no": se il cane sbaglia è colpa del proprietario, che non si è spiegato bene. Ricordiamoci che il "no" va usato per situazioni gravi, come, ad esempio, se il cane sta per ingoiare un prodotto non commestibile e/o un veleno oppure sta per attraversare la strada senza il nostro premesso.

IL PREMIO

L'insegnamento deve avvenire solo con la tecnica del rinforzo positivo e quindi il cane deve **ricevere sempre un premio**. All'inizio del percorso educativo il premio deve essere costituito da cibo; comunemente si

utilizzano wurstel o formaggio o bocconcini morbidi per cani.
All'inizio, **i premi vanno dati sempre quando il cane esegue bene**: per almeno 1000 volte!
Non dobbiamo temere però: non saremo costretti per tutta la vita a dare bocconcini per farci ascoltare! Bisogna utilizzare i premi nella fase di impostazione del percorso educativo, perché fanno sì che il cane capisca

I premi vanno dati sempre quando il cane esegue bene: per almeno 1000 volte!

Bravo!
I premi fanno capire al cane quello che deve fare e che lavorare col proprietario è bellissimo.

quello che deve fare e comprenda che lavorare con il suo proprietario è fantastico.
In un secondo momento è possibile sostituire il bocconcino con un giocattolo, sfruttando l'istinto predatorio del cane. Contemporaneamente, o poco prima di elargire il premio, bisogna **sempre lodare** il cane con il comando verbale "**bravo**".

PER RIASSUMERE

- All'inizio non usare il comando verbale: usarlo solo quando il cane conosce il comando (o l'esercizio) e si è sicuri che con il gesto eseguirà correttamente.
- Mai usare il "no": se il cane sbaglia è colpa nostra.
- Lavorare se il cane è motivato a ricevere il premio.
- Finire il momento educativo prima che il cane sia stanchissimo.
- Finire solo se il cane esegue bene l'ultimo esercizio: se, ad esempio, non si riesce con un nuovo comando, occorre impartirne uno più semplice e finire bene.
- Tutte le volte che il cane esegue bene, deve ricevere un premio – non siate tirchi! – e deve sentire la parola "bravo".
- Non avere fretta di ottenere il risultato.
- Procedere nell'insegnamento a piccoli passi; osare troppo, proponendo esercizi troppo difficili, ostacola l'apprendimento.
- Cercare di non far sbagliare il cane.
- I comandi verbali devono essere impartiti con tono chiaro e dolce, anche sottovoce: non si deve usare un tono duro o cambiare lingua.

IL "SEDUTO"

Impostiamo il comando "seduto" **in silenzio**: richiamiamo l'attenzione del cane sul cibo che abbiamo in mano facendolo annusare (1); quindi portiamo il bocconcino, tenuto tra le dita, sopra la testa del cucciolo (2); infine, appena si siede gli diciamo "bravo" e lo premiamo (3).

1

2

3

Per prendere il bocconcino, il cane farà dei tentativi, come lanciarsi sulla nostra mano, indietreggiare, abbaiare, alzare le zampe anteriori e noi ignoreremo questi comportamenti. Se teniamo ben stretto il bocconcino tra le dita vicino al muso e spostiamo la nostra mano verso le sue spalle, il cane, inclinando la testa e sbilanciandosi indietro, si siederà. Dobbiamo avere pazienza, ogni cane ha i suoi tempi!

UN PASSAGGIO FONDAMENTALE

Ora che il cane ha imparato il "seduto", usiamo questo comando prima di abbassare la ciotola del cibo, prima di infilare il guinzaglio, prima di proporgli un giocattolo.

Come abbiamo già detto, insegnare il "seduto" al cane è come insegnare a un bambino a chiedere "per favore" quando desidera qualcosa; il nostro amico deve sedersi prima di ricevere il cibo, prima di iniziare il gioco, prima di essere messo al guinzaglio, prima di essere lasciato libero.

> ***Insegnare il "seduto" al cane è come insegnare a un bambino a chiedere "per favore".***

PER RIASSUMERE

- Richiamare l'attenzione del cane sul cibo che abbiamo in mano in silenzio.
- Fargli annusare il cibo.
- Portare il bocconcino, tenuto tra le dita, sopra la testa del cane.
- Appena si siede, dirgli a voce "bravo" e premiarlo.

Se mi siedo arriva la pappa!

Il comando "seduto" può essere usato prima di abbassare la ciotola del cibo: in questo modo eviteremo scene di esuberanza che hanno come risultato di rovesciare il contenuto della ciotola e grandi arrabbiature!

IL "RESTA"

Una volta che il cane ha imparato bene il comando "seduto" possiamo proseguire con un altro tassello della sua educazione: il "resta".

Il cane è di fronte a noi e ci guarda in posizione di "seduto": teniamo la mano con **il palmo aperto verso di lui**, contiamo **tre secondi** e se il cane rimane fermo lo premiamo e lo elogiamo. Se si muove dobbiamo ripetere l'esercizio, ma **non dire "no"**. Se esegue bene, nei giorni successivi si deve allungare il tempo di stazione, ma solo di **due secondi al giorno**. Errore comune è provare a far rimanere il cane in posizione per un lungo periodo. La parola chiave è lo *step by step*, quindi la **gradualità**, per ottenere sempre migliori risultati. Se aggiungiamo la permanenza di due secondi al giorno vorrà dire che solo dopo un mese di esercizi il cane potrà rimanere in posizione "resta" per 60 secondi.

Solo quando il cane conosce il **comando gestuale** si può introdurre quello **verbale**.

LA POSIZIONE

In questa prima fase saremo vicini al cane, a circa un **metro di distanza**. Quando rimane di fronte a noi per almeno 15 secondi è possibile passare a uno *step* successivo: possiamo **allontanarci di qualche passo**.

Allontaniamoci con **passo deciso** per infondere sicurezza, se andiamo al rallentatore trasmetteremmo indecisione e faremo spostare il cane; ricordiamoci di adottare lo stesso passo deciso quando torniamo da lui.

Anche la nostra **postura** è importante: schiena dritta anche se abbiamo di fronte un cane di piccola taglia.

Se il cane rimane fermo, dobbiamo **premiarlo** con i bocconcini appena arriviamo da lui e dire "bravo".

Se invece il cane si sposta, non dobbiamo dire "no", ma **rifare l'esercizio** riposizionando il cane nel punto di partenza.

Attenzione: non richiamiamo il cane quando si è lontani da lui perché stiamo insegnando un esercizio di calma e per molti cani è un grande sforzo di autocontrollo; il cane non è ancora pronto.

Quando il cane lavorerà da qualche mese è possibile associare il comando "resta" e "vieni".

PER RIASSUMERE

- Mettersi di fronte al cane in posizione di "seduto" a una distanza iniziale di un metro.
- Tenere la mano con il palmo aperto verso di lui.
- Contare tre secondi (aumentando successivamente di due secondi al giorno).
- Premiarlo ed elogiarlo se il cane rimane fermo.
- Non dire "no" se si muove.
- Ripetere l'esercizio se si muove.

IL "VIENI"

Il cane deve essere felice di raggiungere il proprietario quando viene chiamato.

Un errore comune è quello di innervosirsi o, peggio ancora, sgridare il cane quando arriva in ritardo.

Innanzitutto, con questo esercizio bisogna caricarsi di energia positiva.

A differenza dei due comandi precedenti, con il "vieni" si utilizza da subito il **comando verbale con un tono festoso**. Ma procediamo con ordine.

Con il "vieni" è necessario farsi aiutare da un amico, che deve trattenere il cucciolo dalla pettorina o dal guinzaglio; ci spostiamo di qualche metro mantenendo il contatto visivo con l'animale e mostrando il premio tra le mani.

Quindi ci fermiamo e accucciandoci apriamo le braccia (1). Poi esclamiamo con voce festosa "**vieni**"; in quel momento il cucciolo sarà liberato dal nostro aiutante; appena il cucciolo si avvicina a noi (di solito si precipita) lo premiamo con il bocconcino e gli facciamo tante carezze (2-3).

PER RIASSUMERE

- Far trattenere da un aiutante il cane dalla pettorina o con il guinzaglio.
- Prendere in mano un pezzo di wurstel e farlo annusare al cane.
- Allontanarsi di qualche metro correndo.
- Fermarsi e accucciarsi con le braccia aperte.
- Esclamare "vieni" con tono festoso.
- Lasciare libero il cane.
- Appena il cane arriva premiarlo con i wurstel e lodarlo con tanti "bravo".

1

2

3

IL "PIEDE"

Questo comando è la base per poter insegnare poi la conduzione al guinzaglio. Il suo **obiettivo** è quello di **far camminare il cane al nostro fianco** seguendo il nostro passo senza l'aiuto del guinzaglio.

Convenzionalmente lo si fa **stare alla nostra sinistra**. Tuttavia non è obbligatorio: l'importante è che il comando gli sia insegnato da una sola parte per facilitare il nostro cane.

Ci premuniamo innanzitutto di premietti. Iniziamo **senza guinzaglio**. Teniamo il bocconcino nella mano sinistra (1): è meglio tenere nella

mano tanti micro pezzi di wurstel. Facciamo annusare al cane i pezzetti di wurstel. Quindi teniamo la **mano con il bocconcino vicino al muso** del cane. Ovviamente, bisogna evitare che il cane ci morda la mano per lui così invitante!
Il cane tenterà di saltare per prendere il bocconcino (2). Noi non ce ne curiamo e iniziamo a camminare con un **passo deciso**; appena il cane alza la testa per vedere sia il bocconcino sia noi (saremo nella stessa traiettoria) e non salta, allora siamo autorizzati a premiarlo con il bocconcino (3).

COME AVERE SUCCESSO

La chiave per far svolgere bene questo comando è **premiare il cane in modo tempestivo** per fargli capire precisamente quello che deve fare.
Bisogna esercitarsi a usare la mano sinistra (soprattutto per i non mancini) e imparare a dare velocemente i pezzetti di bocconcini senza farli cadere a terra e senza farsi mordere la mano.

PER RIASSUMERE

- Tenere piccoli bocconcini nella mano sinistra.
- Farli annusare al cane.
- Mantenere la mano con il bocconcino vicino al muso del cane.
- Iniziare a camminare con un passo deciso.
- Non curarsi del cane che salta per prendere il bocconcino.
- Premiarlo con un bocconcino non appena il cane alza la testa per vedere sia il bocconcino sia noi.
- Attenzione a non farsi mordere la mano.

Faccio le feste!

Anche se possono essere manifestazioni di gioia non si può permettere che un cane salti addosso al proprietario o ad altre persone: anche per questo è necessario educare il cane.

COME AVERE UN CUCCIOLO CALMO E TRANQUILLO

La calma è la virtù dei forti

Un cane calmo e tranquillo non è un cane senza energie, ma un cane equilibrato, sicuro e felice. Per questo dovremo canalizzare le sue energie nel modo corretto.

Ora che abbiamo affrontato i comandi di base per l'educazione del cane, il nostro obiettivo è quello di arrivare ad avere un cane che è possibile portare al ristorante, in hotel, nei negozi; un cane che non si scaraventi sulle cose o non assalga le persone per fare feste. Ecco alcuni suggerimenti pratici.

Qua la zampa!
Una volta che il nostro cane avrà imparato i comandi base sarà sicuramente un cane tranquillo ed equilibrato.

> ***Un cane calmo e tranquillo non è un cane senza energie, ma un cane equilibrato, sicuro e felice.***

- **Ignorare gli atteggiamenti di esuberanza** (soprattutto per i cuccioli più agitati), evitando di sgridare, toccare e guardare il nostro cucciolo.

- **Rinforzare gli atteggiamenti di calma**: il cucciolo deve capire che solo se rimane calmo e tranquillo, e possibilmente seduto, può ricevere le nostre attenzioni e quindi anche le carezze; la chiave per riuscirci è **essere pazienti**, per molti cuccioli occorre molto tempo.

- **Imparare noi stessi a essere calmi**: il nostro cucciolo assorbe la nostra agitazione.

- **Evitare che gli estranei (ad esempio in passeggiata) si lancino sul cucciolo per accarezzarlo** quando questo è molto agitato.

- **Rinforzare il comando "resta"**: con la tecnica che abbiamo già appreso, allontanarsi dal cane di qualche passo e ritornare sempre da lui; se il cucciolo non si sposta, premiarlo; in caso contrario, non dire "no", ma rifare semplicemente l'esercizio. Iniziare spostandosi di un solo passo e se il cucciolo esegue bene è possibile spostarsi di un passo in più al giorno.

LE PUNIZIONI

Per essere efficace la punizione deve avvenire immediatamente quando il cane sta sbagliando. Non serve a nulla sgridarlo successivamente, anche se il fatto è avvenuto solo pochi minuti prima.
Ricordiamo però: la punizione peggiore per un cane è essere ignorato.

La peggior punizione

Quando diciamo di ignorare il cane intendiamo dire di non guardarlo e precisamente di girare la testa in modo teatrale e dargli anche le spalle.

PICCHIARLO È INUTILE PERCHÉ...

Il cane non va picchiato per diversi motivi:

- Non serve a ottenere l'effetto desiderato.
- Si rischia di rovinare il rapporto cane-proprietario.
- Il cane può sviluppare un sentimento di paura nei confronti del proprietario.
- Si può ottenere l'effetto opposto: il cane, pur di non essere ignorato, accetta di essere picchiato come forma di considerazione del suo proprietario.
- Si rischia di causare problemi alla sua salute.

La punizione
Se il cucciolo sta facendo qualcosa di sbagliato la cosa migliore è ignorarlo, voltandogli le spalle: per lui è la peggior punizione.

Inutile ripetere "no"!
Alcuni cani pensano di chiamarsi "no" per quante volte se lo sentono ripetere. Non serve ripeterlo a vanvera: deve essere usato solo in caso di comportamenti scorretti gravi.

NO, NO, NO, NO!

Molti cani pensano di avere come secondo nome il "no" perché il proprietario glielo dice in continuazione!

Il comando "**no**" deve essere impartito solo nelle situazioni in cui il cane adotta un **comportamento scorretto grave**, mentre per situazioni più banali si può usare un altro suono (come "aa"). Ecco alcuni esempi.

Comportamento scorretto grave: il cane sta per mangiare un possibile veleno, ingoia sassi, distrugge il divano di casa.

Comportamento scorretto meno grave: ruba un nostro indumento, mordicchia le scarpe e i pantaloni.

Affinché il cane comprenda bene quello che non vogliamo faccia – spesso non riusciamo a essere chiari – e affinché possa smettere senza troppa afflizione l'azione che sta facendo dobbiamo **proporgli un'alternativa** ma seguendo una precisa tempistica:

- quando il cane termina l'azione sbagliata dobbiamo preferibilmente impartire il comando "seduto";
- se esegue bene è possibile proporgli un'attività a noi gradita come giocare con la palla o giocare a nascondino.

Se il cane sta distruggendo il divano di casa va immediatamente fermato con un "no".

PER RIASSUMERE

Comportamento da adottare con il nostro amico a quattro zampe

Sbagliato

- Il cane afferra una pianta di casa, gli viene detto "no", poi da bravo smette e allora decide di prendere un asciugamano e trascinarlo per tutta la stanza; anche al secondo "no" termina l'azione ma poi decide di rubare il nostro cellulare. A quel punto noi lo sgrideremo forte, preoccupati di quanto ci sarebbe costata l'irrequietezza del nostro cane. Allora il cane ci rimarrà molto male e si accuccerà triste o se ne andrà ancora più nervoso a combinare un'altra marachella.

Corretto

- Se al primo "no" il cane termina l'azione occorre spiegargli che cosa vogliamo da lui: allora gli chiediamo un "seduto", gli diamo da mordere un giocattolo e gli diciamo "bravo"!

LE SEQUENZE CORRETTE

Azione sbagliata ➜ Ignorarlo ➜ Sospensione azione ➜ Premio

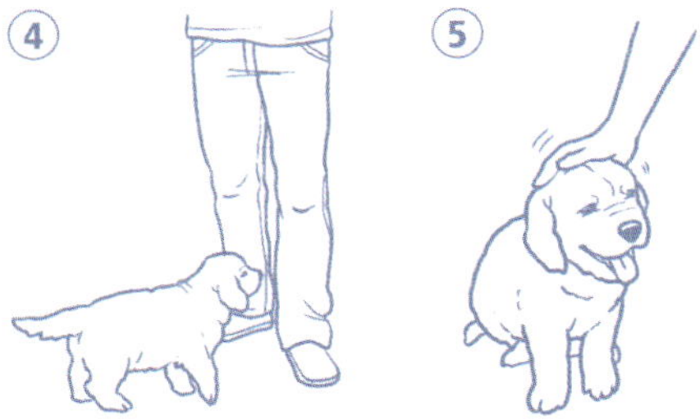

Azione sbagliata
- ➜ Ignorarlo
- ➜ Continua l'azione sbagliata
- ➜ Si ferma anche per poco
- ➜ Chiedere un comando
- ➜ Esegue bene
- ➜ Premio

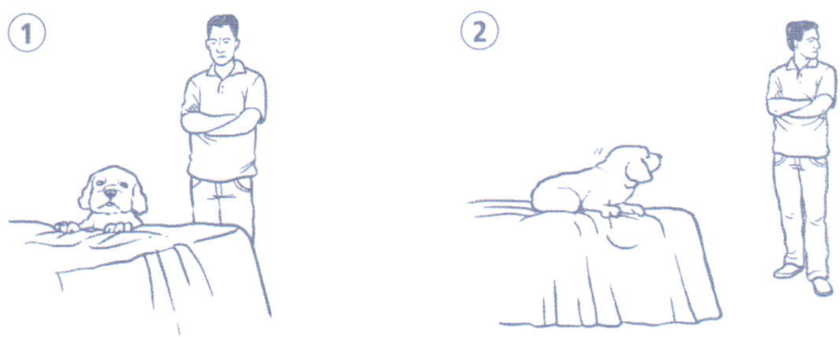

Azione sbagliata
- ➜ Ignorarlo
- ➜ Continua l'azione sbagliata
- ➜ Non si ferma
- ➜ Allontanarsi dal cane

La ginnastica mentale per il cane

Per rendere felici i nostri cani dobbiamo stimolarli mentalmente. Ma che cosa significa questa affermazione?

Dunque, tutti i canidi hanno il bisogno naturale di impiegare la propria intelligenza e, se questo bisogno non viene soddisfatto, possono diventare problematici e/o infelici.

I cani si annoiano da soli e aspettano a volte senza speranza l'iniziativa dei loro compagni di branco.

Tutti i canidi hanno il bisogno naturale di impiegare la propria intelligenza.

Per comprendere meglio occorre fare un passo indietro e rifarsi ai lupi: per poter sopravvivere in condizioni ambientali avverse e per procacciarsi il cibo, il lupo deve cooperare con gli altri membri del branco, imparare le tecniche venatorie, seguire le impronte, studiare le prede, inseguirle attraverso un territorio impervio e scosceso e cercare di raggiungerle; le prede, quindi, devono essere fiutate, catturate e uccise e per il lupo all'inizio non è un lavoro facile, ma poi le tecniche vengono affinate grazie all'allenamento. Il lupo deve fare affidamento più sulla sua intelligenza che sulla sua forza fisica: l'astuzia conta di più della forza muscolare e la cooperazione più delle azioni individuali, perché le pre-

de sono spesso animali più veloci e a volte più pesanti del lupo.
Come il suo antenato lupo, anche il nostro cane ha bisogno di attività e giochi sempre nuovi che allenino la sua astuzia e la sua intelligenza.
Gli esercizi del **training mentale** sono veloci, semplici, divertenti e hanno la capacità di far stancare il cane; infatti, spesso se il cane fa solo attività fisica c'è il rischio che torni a casa con le pile ancora cariche!
Bastano pochi minuti al giorno, ma vanno proposti quotidianamente.
Con questa ginnastica i cani maturano, si sentono appagati e felici: è la base per un buon rapporto con il suo proprietario.

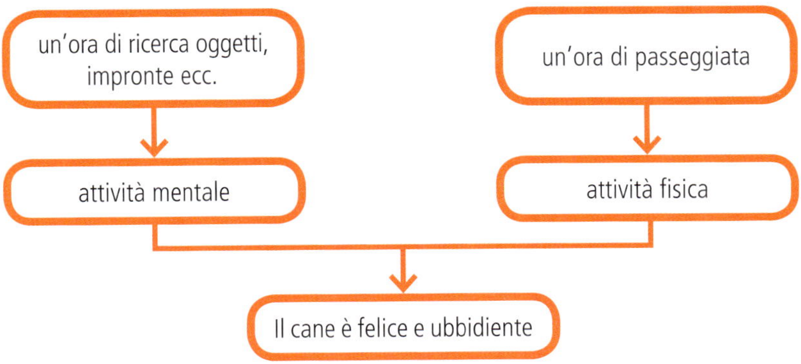

Largo alla fantasia!

Ecco alcune proposte di esercizi di training mentale per il nostro cane!

- Nascondere dei bocconcini sotto dei bicchieri di plastica, sotto le coperte e in altri contenitori: il cane dovrà scovarli e capire come afferrarli.

- Proporre una "palla attiva", che presenta dei fori e al cui interno siano posti dei bocconcini: per prendere i bocconcini il cane deve farla rotolare più volte.

- Quando il cane è abituato a questa ginnastica, proporre giochi con difficoltà crescente: ad esempio, per prendere il bocconcino dovrà aprire dei cassetti o sollevare coperchi.

- Creare una pista di bocconcini: andiamo nel prato con l'erba un po' alta e tracciamo una pista con i bocconcini oppure li lanciamo.

PER APPROFONDIRE

- Giocare a nascondino: facciamoci aiutare da un'altra persona che terrà il cane fermo, mentre il proprietario andrà a nascondersi; con questo gioco il cane si diverte tantissimo e stringe un legame più forte con il suo proprietario.

- Proporre man mano esercizi di educazione più difficili come riportare oggetti, rotolare e strisciare a comando.

Ginnastica mentale
Per mantenere il cane attivo e nello stesso tempo farlo scaricare è importante fargli eseguire anche esercizi di training mentale: per esempio nascondere sotto l'erba dei bocconcini da ritrovare.

GINNASTICA FISICA + GINNASTICA MENTALE

L'ideale è associare la ginnastica fisica con quella mentale: un esempio è l'*agility dog*, uno sport dove il cane deve superare un percorso con molti ostacoli al comando del conduttore che lo segue e lo accompagna per tutto il percorso; in questa disciplina aumenta l'autostima del cane e si stabilisce anche un buon feeling con il proprietario.

L'agility dog è uno sport dove il cane deve superare un percorso con molti ostacoli al comando del conduttore.

L'agility dog
Questo sport rappresenta un buon connubio fra ginnastica fisica e mentale.

IL GIOCO

Fin da quando sono cuccioli, per i cani il **gioco** costituisce una vera palestra di vita: in questo modo, infatti, imparano a rapportarsi con il mondo. Attraverso il gioco i cani apprendono le regole dello stare insieme e riconoscono i propri limiti e le proprie capacità; imparando a controllarsi dapprima nel gioco, capiscono poi come comportarsi nella vita in generale.

Il gioco è fondamentale anche per stabilire una buona relazione proprietario-cane. Se il proprietario gioca con il suo cane, si crea un **legame forte** e lui stesso agli occhi del cane diventa interessante, diventa un **proprietario amato** che vale la pena ascoltare e seguire anche fuori dal contesto di gioco.
Il gioco permette di creare **rispetto e fiducia reciproca**; più giochia-

PER APPROFONDIRE

Il gioco per i cuccioli

Attraverso il gioco, i cuccioli imparano a conoscersi, ad apprendere il linguaggio della loro specie, a valutare le possibilità e i limiti propri e dell'avversario.

I fratellini di una stessa cucciolata simulano spesso conflitti, si attaccano, si mordono, passano velocemente dalla condizione di dominanza a quella di sottomissione. Tutto questo gli serve per apprendere ciò che gli tornerà utile in futuro per affrontare veri scontri.

L'importanza del gioco
Se giochiamo quotidianamente con lui, il nostro amico a quattro zampe sarà contento ed equilibrato.

La mancanza di gioco crea noia, che sfocia in comportamenti indesiderati.

mo con i nostri cani e più penseranno che siamo la cosa più divertente al mondo e vorranno passare più tempo con noi. In questo modo diventerà più facile avere il controllo su di loro. Essere amici del proprio cane aiuta nell'educazione, e nelle sessioni di lavoro il cane sarà ben disposto a rispondere ai nostri comandi e a svolgere i compiti da noi richiesti.

INTERESSANTI AGLI OCCHI DEL CANE

Se durante una passeggiata avremo in mano un giocattolo, ad esempio una pallina, il cane ne sarà interessato e rimarrà vicino a noi in attesa del lancio, evitando di scappare e mettersi nei guai; se desidera il gioco che abbiamo fra le mani non cercherà quindi di rincorrere biciclette, moto, macchine.

GIOCO, SONO CONTENTO E NON COMBINO GUAI!

In genere, tramite il gioco si evita che insorgano problematiche comportamentali.
Tuttavia, se il cane dimostra di aver sviluppato alcune problematiche, è proprio il gioco che ci permette di superarle. Ad esempio, il gioco è uno strumento per poter correggere la distruttività da noia, la tendenza a fuggire da casa ecc.
Se giochiamo quotidianamente avremo un **cane contento ed equilibrato**. La mancanza di gioco crea noia, apatia e accumulo di energia, che sfocia poi, inevitabilmente, in comportamenti indesiderati.

LE REGOLE PER GIOCARE IN MODO CORRETTO

- Decidiamo noi quando iniziare e finire il gioco.

- Se per invitarci al gioco il cane ci salta addosso o gratta le gambe o mordicchia le mani bisogna **ignorarlo**.

- Si può iniziare a giocare solo se il cane si mette **seduto** e sta in posizione per qualche secondo; è un enorme **sforzo di autocontrollo** per il cane perché la felicità di giocare lo rende spesso ipereccitato.

- Non consentiamo mai al cane di mordicchiare per gioco le nostre mani, usiamo sempre oggetti.

- Il giocattolo può essere qualsiasi oggetto che non sia dannoso per il cane e non possa essere ingerito. **Attenzione** alle palline da tennis per i cani di grossa taglia – potrebbero essere ingerite e/o causare soffocamento.

- Privilegiamo i **giochi di collaborazione**: il gioco del riporto, del nascondino (nascondere persone o oggetti).

- Evitiamo i **giochi di competizione** come il tira e molla o riser-

Quali giochi?
Il gioco del riporto è ottimo per i cani, poiché unisce insieme attività fisica e mentale.

viamoli solo ai cani timidi e insicuri: in questo modo, se vinceranno, si sentiranno forti e aumenterà la loro autostima.

- Facciamo giocare il cane più volte al giorno.

- Non lasciamo a disposizione tutti i giocattoli: devono essere tenuti nell'armadio e presi solo per giocare.

- Alterniamo i giocattoli, così sembreranno sempre nuovi.

- Nel proporre i giochi cerchiamo di essere divertenti e imprevedibili; i cani sono un po' come i bambini: per mantenerli stimolati è preferibile cambiare spesso gioco.

- Se il giocattolo non suscita interesse nel cane, proviamo a giocarci noi lanciandolo in aria e usando un tono entusiastico, poi possiamo lanciarlo e andare a prenderlo.

- I cuccioli hanno maggiore necessità di giocare e mordicchiare rispetto ai cani adulti.

PER APPROFONDIRE

Le diverse razze e il gioco

Ricordiamo che razze diverse hanno preferenze di gioco diverse:

- **Cani da guardia e difesa:** amano i giochi di possesso come il tira e molla.

- **Terrier:** amano i giochi di scuotimento e uccisione e i giochi sonori.

- **Cani da pastore e da caccia:** amano inseguire le finte prede e riportarle.

I fondamentali

IL GUINZAGLIO

Insegnare al nostro cane ad accettare il guinzaglio è una delle cose più difficili della sua educazione.

Il guinzaglio è la prosecuzione del nostro corpo e il cane da una parte si sente autorizzato a difenderci, dall'altra sa che non può avere la piena libertà di movimento e sarà quindi più prevenuto; da qui sorge la necessità di non trasmettere alcuna tensione soprattutto verso il collo. Per questo risultano ottime le pettorine ad H che consentono al cane di muoversi bene, senza ostacoli ascellari, e garantiscono al cane di usare bene il suo corpo per comunicare ad altri cani o persone il suo stato d'animo e la volontà o meno di interazione.

Se, una volta indossato il guinzaglio, il cane inizia a tirare e a trascinarci ovunque, occorre capire se è pronto per andare all'esterno; se è spaventato o ansioso per qualche motivo tirerà sempre.

Prima di uscire in passeggiata al guinzaglio è bene comunque esercitarsi a casa facendo la conduzione "al piede" prima senza guinzaglio (vedi p. 44).

Può anche succedere che il **cane** non ne voglia sapere del guinzaglio: se una volta messo **non si sposta**, il cane **non va mai tirato** forzatamente. Piuttosto, lasciamo il guinzaglio libero, che tocchi a terra, e invitiamo il cane a muoversi utilizzando come attrattiva dei bocconcini o dei giocattoli. Non dobbiamo avere fretta e apprezziamo anche i minimi miglioramenti.

L'educazione al guinzaglio è una delle cose più difficili.

Perché il cane possa passeggiare bene all'esterno non deve essere spaventato da rumori o persone.

In pratica

- Provare prima il guinzaglio in casa o nel suo giardino.
- Portare il cane all'esterno solo in ambienti tranquilli, privi di distrazioni o rumori forti.
- Usare la pettorina ad H e un guinzaglio lungo, che deve essere in tessuto.
- Non tenere in tensione il guinzaglio, imparare a lasciarlo morbido in modo da trasmettergli calma.
- Utilizzare bocconi e giocattoli per attirare la sua attenzione.
- Per passeggiare al nostro passo il cane deve sforzarsi di andare piano, quindi è opportuno, soprattutto all'inizio del processo di educazione, fare dei brevi tragitti e far sfogare il cane in lunghe corse libero nei prati.

Il guinzaglio
È fondamentale che il cane accetti di indossare il guinzaglio poiché è la prosecuzione del nostro corpo.

A spasso
Un cane che ha ricevuto una buona educazione procede al guinzaglio in modo composto al fianco della sua guida umana.

«Sono un cane da slitta!» Se tira al guinzaglio

Le cause principali

- Il cane ha ricevuto una scarsa educazione da cucciolo.
- I metodi educativi sono inadatti o applicati in modo sommario.
- Il cane ha un'età avanzata con scarsi risultati in passato.
- Il conduttore ha una struttura fisica inadatta a condurre il cane.
- Il cane non riconosce nel proprietario una guida saggia.
- Il cane vuol raggiungere presto la casa (ad esempio, i cani molto affamati che sanno che al ritorno della passeggiata riceveranno il cibo).
- Il cane vuole raggiungere un luogo specifico perché attratto piacevolmente.
- Il cane è particolarmente eccitato da presenze animali o umane; spesso i cani poco socializzati con i simili diventano agitatissimi, perdendo completamente l'autocontrollo se vedono altri cani
- Il proprietario (o chi al momento porta al guinzaglio il cane) non gli infonde sufficiente sicurezza.
- Le condizioni meteorologiche non sono favorevoli (vento, sole, pioggia, gelo, neve).

PER APPROFONDIRE

I rimedi

- Evitare le cause appena descritte che lo inducono a tirare.
- Il cane deve conoscere i comandi base.
- Il cane deve avere la sua guida saggia.
- Favorire la socializzazione perché molti cani quando vedono i loro simili perdono il controllo.

LA MUSERUOLA

Tutti i cani devono imparare a indossare la museruola con naturalezza, da quelli di piccola taglia a quelli "giganti".

Perché il cane possa accettarla con piacere occorre attenersi a queste regole:

Tutti i cani devono imparare ad accettare la museruola.

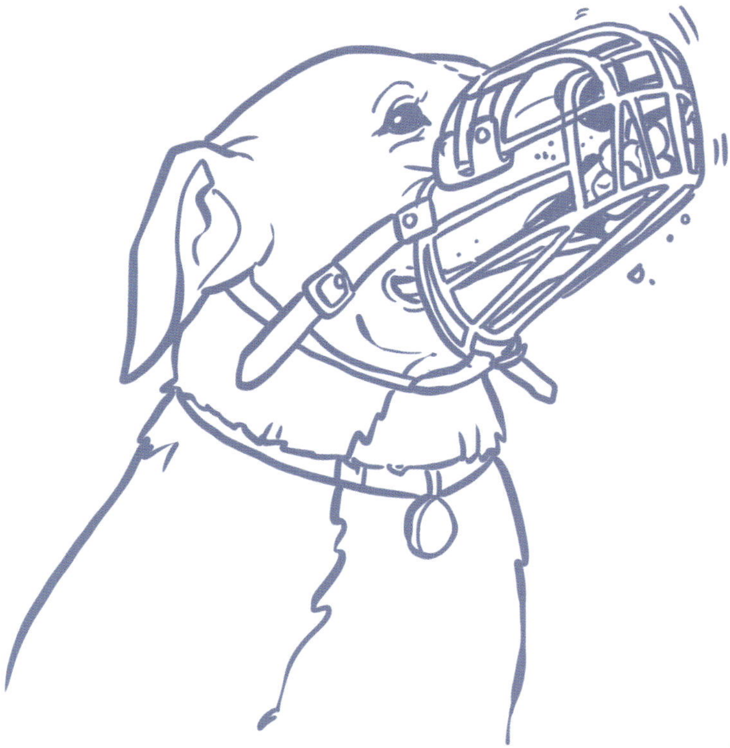

La museruola
Con un'efficace educazione il cane imparerà ad accettare anche la museruola.

PER APPROFONDIRE

Che cosa dice la legge

Per legge, nelle aree urbane e nei luoghi aperti al pubblico, è obbligatorio portarla con sé, da applicare su richiesta delle autorità competenti o in caso di rischio per l'incolumità di persone o animali.

Il cane deve obbligatoriamente indossarla in determinati luoghi, come sui mezzi pubblici (treno, tram, autobus, funivia), oppure può richiederla il veterinario durante una normale visita.

- Utilizzare una museruola a gabbia (evitare quelle a fascia).
- Spalmare all'interno della museruola cibo spalmabile, ad esempio della ricotta o altro, e lasciare che il cane spontaneamente si avvicini e lecchi il cibo; appena esegue, lodare il cane con "bravo"; ricordarsi di non allacciare la museruola.
- Ripetere l'esercizio per 2-3 volte e riproporlo nei giorni successivi senza mai allacciare la museruola.
- Solo quando il cane è contento nel vederla è possibile chiuderla.

Se non ci si attiene a queste brevi ma efficaci indicazioni e si decide, ad esempio, di fare indossare la museruola al nostro cane per la prima volta dal veterinario per fare una manovra anche solo lievemente dolorosa o per la quale il cane si spaventa, ci saremo giocati la possibilità di riproporla. Quando il cane rivedrà la museruola, scapperà o ringhierà o tenterà di mordere.

Viaggiare in auto
In auto il cane non può essere libero: deve viaggiare nell'apposito trasportino oppure deve essere separato dal guidatore da griglie divisorie.

L'AUTO E I TRASPORTINI

Non tutti i cani amano andare in automobile. Spesso i cuccioli, come i bambini, soffrono di cinetosi o "mal d'auto", per la quale vi è sempre un fattore emotivo. Per prevenire questo comune problema bisogna che il cane sperimenti l'auto **gradualmente**.

Iniziamo con l'auto spenta: facciamo salire il cucciolo per pochi minuti, lo coccoliamo e gli diamo un biscotto e subito lo facciamo scendere. Progressivamente prolunghiamo la permanenza sempre con l'auto spenta e successivamente possiamo intraprendere brevi viaggi, alla fine dei quali concederemo al cane un bel premio, come correre in un bel prato o incontrare altri amici cani.

Per legge, i cani devono viaggiare in auto in appositi **trasportini** (detti anche kennel) o essere separati dal guidatore da **reti/griglie divisorie** o posti sul sedile posteriore assicurati con un'apposita **cintura di sicurezza**.

Per trasportarlo con il trasportino o kennel occorre che questo venga

usato già in casa; il kennel è molto importante per il cane e deve essere presente nella casa all'arrivo del cucciolo. Per i primi tempi il kennel deve rimanere aperto (con la porta aperta) in modo tale che il cane entri ed esca quando vuole. Rappresenta una tana sicura e deve essere posizionato nel posto giusto.
Spesso la prima esperienza di viaggio in macchina per il cucciolo è proprio il viaggio che lo porta dall'allevamento, dal canile o dalla famiglia di provenienza fino alla nuova casa. È quindi importante partire con il piede giusto.

IL SUO PRIMO VIAGGIO IN AUTO

Nel "mal d'auto" vi è sicuramente una predisposizione fisica ad essere più sensibile alle oscillazioni ma vi è sempre un fattore emotivo legato alla paura. È importante con il primo viaggio che il cucciolo possa vivere un'esperienza serena, perché i cani adulti che manifestano la cinetosi in forma grave hanno spesso subito traumi durante i primi viaggi.
Se dobbiamo necessariamente fare il primo viaggio dall'allevamento a casa è utile seguire questi **suggerimenti** per ridurre al minimo i rischi:

- Non andare da soli a prendere il cucciolo.

- Preparare una cesta o una scatola di cartone dove il cucciolo si senta "contenuto" e protetto. Nella cesta si dovrà mettere una coperta impregnata dell'odore di mamma e fratelli.

- Prima di partire per portarlo a casa, accarezzarlo e farlo giocare sia mentre la macchina è ferma sia mentre è in moto per ridurre al minimo la paura.

- Porre il cucciolo sul sedile posteriore: l'accompagnatore o il proprietario rimarrà accanto a lui.

Per legge, i cani devono viaggiare in auto in appositi trasportini o essere separati dal guidatore da reti/griglie divisorie.

- Se il viaggio dura più di un'ora, fare una tappa. La persona che sta vicino al cucciolo dovrà capire i primi segnali di disagio come agitarsi, sbadigliare in continuazione, leccarsi le labbra e perdita di saliva dalla bocca. Questi segnali sono tipici del cucciolo che si sta preoccupando e che inizia a percepire la sensazione di nausea; allora sarà opportuno fermarsi e far scendere dall'auto il cucciolo per fargli respirare aria fresca. Si potrà ripartire solo quando il piccolo sarà più sereno e meno sofferente.

Se il cucciolo è stato male durante il suo primo viaggio è bene, nei giorni seguenti, riavvicinarlo gradualmente all'auto: a macchina spenta lo si farà salire e lo si farà giocare e gli si daranno dei biscotti premio; se in questa situazione il cucciolo sarà sereno allora si potrà mettere in moto l'auto e fare dei brevi giretti.
Ricordiamoci che alla fine del giretto il cane deve trovare una bella sorpresa, come incontrare ad esempio amici pelosi.

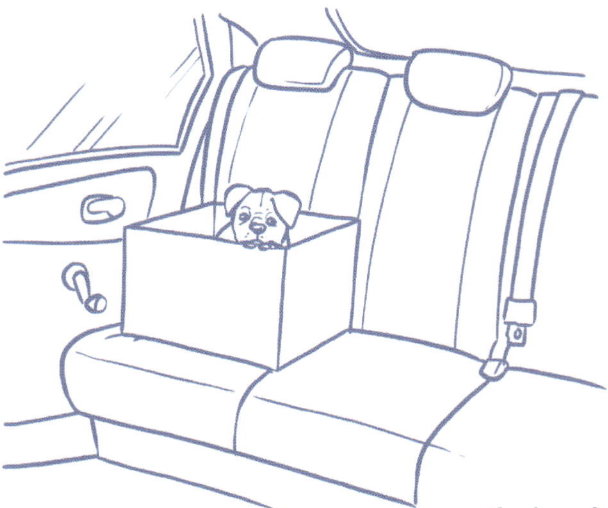

Il primo viaggio
Per il suo primo viaggio in auto, quello che porterà il cucciolo nella sua nuova casa, predisponiamo una cesta o una scatola di cartone che lo faccia sentire protetto.

La vita quotidiana

LA PAPPA

Le **ciotole** del cane, cioè quella dell'acqua e quella del cibo, devono essere posizionate in un **posto tranquillo e riservato**; dato che il cane trova equilibrio nell'abitudine, il cibo dovrebbe essere fornito agli stessi orari.

Fino all'età di sei mesi il cucciolo deve mangiare tre volte al dì, successivamente deve fare **due pasti giornalieri**: i cani di media-grossa taglia devono mangiare due volte per evitare la grave sindrome della dilatazione-torsione gastrica e quelli di piccola per evitare l'iperacidità gastrica.

Se il cibo non viene consumato subito, è bene non lasciare a disposizione la ciotola ma toglierla entro 20 minuti; il motivo non è solo da ricercarsi nell'eventuale deterioramento del cibo, ma costituisce una regola di educazione.

Per i cani troppo voraci è bene inumidire il cibo e, se necessario, fare tre o quattro pasti al dì; per quelli che soffrono di rigurgito è consigliabile sollevare da terra la ciotola.

Mentre la ciotola del cibo deve essere ritirata se non consumata, quella con l'acqua fresca deve essere lasciata sempre a disposizione.

Se il cane salta un pasto non ci si deve preoccupare e non insistere né imboccarlo; se abituati ad essere imboccati i cani lo pretenderanno spesso e volentieri.

Molti cani, soprattutto quelli meno voraci, mangiano solo al rientro del proprietario perché finalmente possono rilassarsi e anche per rendere felice il proprietario.

Se il cane salta un pasto non ci si deve preoccupare.

La pappa

Il cane deve mangiare rigorosamente dalla sua ciotola; non è tollerabile che richieda cibo alla tavola degli umani. Se accade occorre ignorarlo completamente.

Se si hanno più cani, è bene distanziare le ciotole per evitare di far insorgere conflitti ed è consigliabile togliere le ciotole dal pavimento per evitare che un cane si metta a proteggere la sua ciotola in modo esagerato per rafforzare la sua supremazia.

CHE COSA MANGIO?

È possibile scegliere di somministrare al nostro cane cibo casalingo o cibo commerciale (croccantini o cibo umido), ricordandosi che ci sono esigenze specifiche legate all'età, alla taglia e a particolari momenti, come gravidanza e allattamento; esistono, inoltre, alimenti specifici per particolari problemi di salute, come per l'insufficienza renale, epatica, dermatiti ecc.

Poiché i cani hanno l'apparato digerente più primitivo rispetto a quello umano, bisogna seguire poche e semplici regole, come quella di non cambiare in continuazione dieta: i cambiamenti devono essere graduali; ad esempio, il cambio di mangime deve essere fatto nell'arco di una settimana.

COMPORTAMENTI SCORRETTI

I cani non devono elemosinare il nostro cibo quando siamo a tavola: se ci provano dobbiamo ignorarli. Questo non vuol dire sgridarli ma non guardarli anche se iniziano ad abbaiare o a saltare intorno alla tavola; se la situazione diventa incontrollabile è bene far uscire dalla cucina il cane.

PER RIASSUMERE

Per un cane ben educato

- Non lasciare a disposizione il cibo.
- Abituarlo a mangiare in orari stabiliti.
- Chiedere il "seduto" prima di dare la ciotola.

LA CUCCIA

È importante che il cucciolo abbia un luogo riparato dove rifugiarsi e sentirsi al sicuro; la cuccia deve rappresentare il suo **territorio inviolabile**, non dovrà essere disturbato da bambini giocosi o da rumori molto forti o dal continuo passaggio di persone.

Se, soprattutto nei primi giorni, si nota che è intimorito e rimane nella cuccia, bisogna invitarlo con dolcezza a raggiungerci, usando un tono tranquillo. Prestiamo attenzione a eventuali segnali di paura, come orecchie e testa bassa, coda tra le zampe.

Il cane può avere **diverse cucce**, all'esterno o all'interno della casa, ma non bisogna permettergli di salire su divani o letti; è bene ricordare che i cuccioli hanno una termoregolazione non ancora del tutto efficiente, per cui soffrono maggiormente gli sbalzi di temperatura: in particolare sotto i 10 °C non riescono a mantenere costante la loro temperatura corporea. Controlliamo se il cane cerca di distruggere il suo ricovero, perché l'ingestione di particolari materiali può essere pericolosa.

Le cucce sono diverse e ogni cane può avere una particolare preferenza: **per l'interno** (brandine, cuscini, vasche in plastica), **per l'esterno** (cucce in legno, plastica o particolari resine isolanti).

IL SONNO

I cani dormono più degli esseri umani, sono soliti fare più sonnellini durante la giornata.

I cani sognano e quando lo fanno possono simulare una crisi convulsiva, perché tremano e muovono a scatti gli arti, aprono e chiudono la bocca e gli occhi si muovono velocemente in direzione laterale; spesso questi movimenti sono accompagnanti da mugolii, ringhii o un vero e proprio abbaio. Si pensa che i cuccioli sognino di essere allattati, perché spesso assumono la classica postura della bocca in suzione.

I cani possono dormire nelle varie posizioni, di lato, acciambellati, sdraiati a pancia in giù o a pancia in su; in quest'ultima posizione spesso sono soliti dormire i cuccioli.

Il cane può avere diverse cucce, ma non bisogna permettergli di salire su divani o letti.

Sul divano no!
Occorre che il cane impari fin da subito quali sono i suoi spazi: il divano di casa non è sicuramente fra questi.

I BISOGNI

Un cane adulto deve avere la possibilità di urinare e/o defecare quattro volte al dì; se è cucciolo o anziano la frequenza aumenta.
Fin da cucciolo, quindi, il cane deve imparare a fare i suoi bisogni nel posto giusto. Vediamo come insegnarglielo.

DOVE POSSO SPORCARE???

Le regole da seguire

- Il cucciolo sporca di solito entro mezz'ora da quando mangia; quindi occorre portarlo all'esterno dopo ogni pasto ma anche dopo ogni sonnellino e dopo aver giocato. Bisogna poi lasciarlo libero all'interno della zona che abbiamo scelto (il giardino o fuori casa in generale) in modo che possa annusare per trovare l'angolino preferito. A questo scopo, se non si ha un giardino recintato, si può usare un guinzaglio allungabile.
- Per poter sporcare il cucciolo deve sentirsi a suo agio, sicuro nell'ambiente e sentire il suo odore o quello della sua ex famiglia canina: sarà opportuno che il cucciolo senta l'odore

I bisogni
Dopo ogni pasto ma anche dopo ogni sonnellino e dopo aver giocato occorre portare fuori il cane: è arrivato il momento del bisognino!

Bravo!
Quando portiamo il cucciolo a fare i bisogni fuori, bisogna lodarlo solo dopo che li ha fatti.

della sua pipì nel punto del giardino dove si vuole che sporchi. Se non si segue questa regola si rischia di stare molto tempo nel giardino e poi al rientro a casa il cucciolo si rilasserà e farà, ad esempio, una grande pipì sul pavimento del salotto. Quando si trova una pipì sul pavimento usiamo una siringa per aspirarla e spruzzarla sulla zona del giardino dove vogliamo che il cane sporchi.

- Dopo aver fatto i bisogni occorre lodare il cucciolo con un "bravo". Attenzione però a non lodarlo appena inizia a sporcare, si rischia di interromperlo. Mentre gli diciamo il "bravo" somministriamogli contemporaneamente un bocconcino premio.

- A casa conviene preparare un'area delimitata da un cancelletto per bambini o da un recinto: in quest'area si sistemeranno, come abbiamo visto, la cesta dove il cucciolo dorme, alcuni giocattoli, la ciotola del cibo e quella dell'acqua, ma anche un giornale dove, in caso di emergenza, il cucciolo potrà fare i suoi bisogni.

PER APPROFONDIRE

Differenze fra maschi e femmine

Spesso le femmine per urinare richiedono un manto erboso, mentre sia i maschi sia le femmine per defecare vogliono essere liberi o lontani dal proprietario (procurarsi per questo un guinzaglio lungo).
Normalmente, i maschi urinano molto di frequente ma in piccole quantità: questo è un metodo per marcare il territorio; i maschi che si sentono più forti urinano alzando il più possibile la zampa e defecano ponendo le feci in posti sopraelevati.
Nel disegno a fianco è raffigurato come possono urinare e defecare i cani.

- Se il cucciolo sporca in casa bisogna pulire accuratamente usando un disinfettante organico (non usare né ammoniaca né candeggina che fissano gli odori). Subito dopo asciugare e strofinare con alcol a 95 gradi. Così è meno probabile che rimangano tracce di feci o urine che potrebbero stimolare il cane a sporcare ancora nello stesso posto.

- Non serve punire il cucciolo se ha sporcato in casa, a meno che non lo si prenda sul fatto. Le punizioni "a posteriori" servono solo a spaventare il cane, che certo non assocerà la punizione alla sua pipì.

- Non picchiatelo in nessuna occasione e soprattutto non mettetegli il muso nella sua pipì.

- Se si scopre il cucciolo mentre sta per fare un bisogno in casa, dite un "no!" secco e contemporaneamente, se si è appena accucciato, bisogna prenderlo in braccio e portarlo fuori; una volta all'esterno, se il cucciolo accetta di sporcare lì, sarà importante lodarlo e premiarlo.

Tanti modi
Quando i cani fanno i loro bisogni possono adottare diverse posizioni.

- Per limitare i danni bisogna evitare di lasciare il cucciolo libero di girare per tutta la casa, soprattutto se è passato molto tempo dall'ultima volta che ha sporcato o se ha appena mangiato o giocato. Quando non si può controllarlo bisogna lasciarlo nella sua zona circoscritta.

- Se è libero per la casa, il cucciolo deve essere guardato a vista e se lo si vede annusare per terra e/o girare in tondo allora si starà preparando per evacuare e si dovrà immediatamente prenderlo in braccio e portarlo fuori.

- L'uso di pannoloni/traverse per cani è controverso: si rischia che il cucciolo impari a sporcare sugli altri tappeti della casa. Inoltre, meglio non cospargere la casa di giornali: è importante che l'animale capisca da subito che la casa NON è il posto dove si fanno i bisogni.

- Ricordiamo: anche per la gestione delle evacuazioni occorre avere pazienza.

Se fa la pipì in casa
Non serve punire il cane se non lo si coglie sul fatto.

LA PASSEGGIATA

Tutti i cani, anche quelli che hanno a disposizione un giardino enorme, devono essere portati a fare le passeggiate, una o più volte al giorno.

Il cane non solo fa movimento fisico ma, annusando i vari odori, riceve importanti informazioni (è come per noi leggere) e ha modo di incontrare amici canini e umani: ricordiamoci che il cane è un animale sociale e necessita di instaurare relazioni.

Anche durante la passeggiata il cane deve dare dimostrazione di essere ben educato. Perché la passeggiata sia rilassante per entrambi, occorre che il cane abbia imparato una buona conduzione al guinzaglio (vedi pag. 64).

Per legge, se si passeggia nei centri abitati, il guinzaglio deve essere lungo max 1,5 metri ed è necessario portare una museruola che può essere indossata al bisogno.

Durante la passeggiata può succedere che il cane faccia i suoi bisogni in aree non deputate: ricordiamoci che la raccolta delle deiezioni, che può essere effettuata con sacchetti o paletta, oltre a essere obbligatoria è espressione di rispetto nei confronti degli altri.

PER APPROFONDIRE

Accorgimenti per il benessere del cane

Durante le passeggiate lunghe, ad esempio una gita in montagna, si dovranno prendere alcune precauzioni: i cani, soprattutto quelli con ricco sottopelo, soffrono il caldo molto più di noi. Per questo è preferibile scegliere i momenti della giornata più freschi per le uscite, ricordandosi di portare sempre una borraccia con acqua e alcuni biscotti.

Se, al contrario, si sceglie di passeggiare in inverno sulla neve, è opportuno far indossare dei cappottini ai cani con scarso sottopelo e portare delle creme per evitare il danneggiamento dei polpastrelli.

A passeggio
Anche durante la passeggiata il cane deve dare dimostrazione di essere ben educato, accettando il guinzaglio, non tirando e andando d'accordo con i suoi simili.

LA TOELETTATURA

Non necessariamente il cane deve essere lavato, ma è consigliabile farlo, soprattutto se si vive in città: i cani "cittadini" devono essere puliti dallo smog, e se vivono in casa insieme ai padroni non devono emanare cattivo odore. Affinché le operazioni di toelettatura non diventino un incubo, occorre abituare fin da piccolo il cane a essere manipolato e curato. Non tutti i cani ameranno essere lavati, ma un atteggiamento calmo da parte nostra e un bocconcino in premio lo aiuteranno ad accettare questo momento.

È bene effettuare al massimo un lavaggio al mese, utilizzando uno shampoo non aggressivo che rispecchi il pH della pelle; a volte sono necessari shampoo più frequenti, ma in questo caso si parla di shampoterapia che serve a curare la cute affetta da infezioni batteriche (come nelle dermatiti) o da disturbi di cheratinizzazione (come forfora o grasso eccessivi). Per la pulizia può essere anche utile un rimedio casalingo che consiste nel passare cute e pelo con acqua e aceto di mele.

PER APPROFONDIRE

Chi perde il pelo e chi no

Quasi tutti i cani perdono pelo e anche per quelli a pelo corto la muta può essere importante (con lo svantaggio che essendo piccoli e corti i peli andranno a infilarsi ovunque!).

Non perdono quasi per nulla pelo alcune razze: il barbone, il barboncino, il lagotto romagnolo, il *cao de agua* portoghese e il cane nudo cinese, che ha pochi peli.

LA SPAZZOLATURA

È buona norma spazzolare quotidianamente il manto, e più volte al giorno se il cane è nel periodo della muta; vi sono pettini/spazzole diverse a seconda del tipo di pelo. Il cane va spazzolato seguendo la direzione del pelo, dalla testa verso la coda: se il cane non è abituato, non gradirà molto i passaggi vicino all'area della coda e dei genitali e sulle orecchie.

Poiché anche in questa situazione il cane deve dimostrare un comportamento educato, sin da cucciolo deve essere abituato a ricevere questa pratica. Per questo è bene che si inizi a spazzolarlo anche quando il pelo non ne ha bisogno: è necessario perché il cane l'accetti con piacere. Anche in questo caso ricordiamoci di dare sempre un bocconcino mentre lo pettiniamo e alla fine dell'operazione.

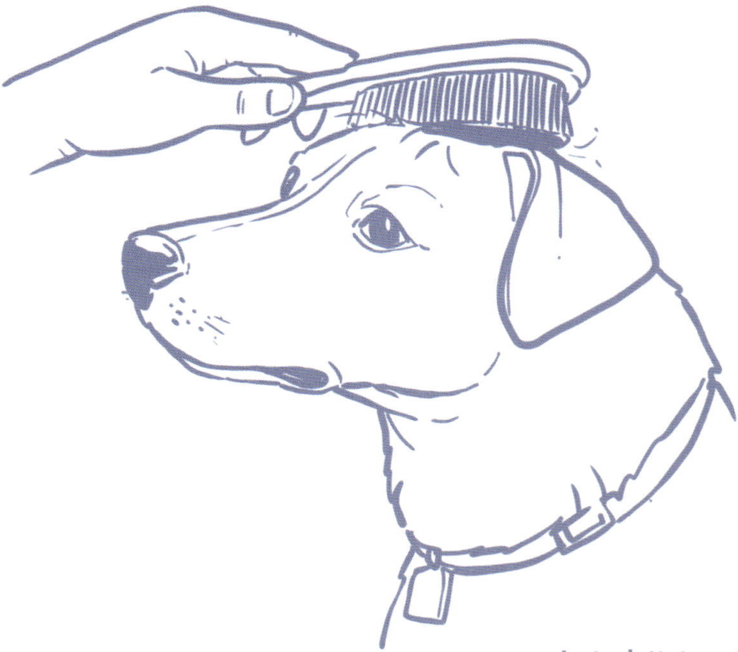

La toelettatura
Tutti i cani devono essere spazzolati: anche in questo caso è necessario che fin da cuccioli siano abituati a questa pratica.

I BAGNI

Il nuoto è uno sport che fa molto bene ai cani. Ci sono razze che hanno un'attitudine innata a nuotare, per cui la selezione ha potenziato quest'abilità: stiamo parlando dei labrador, dei golden retriever, dei terranova ecc., usati anche dall'uomo in attività di pesca o caccia, ad esempio, per recuperare pesci nelle reti o uccelli acquatici come anatre.
Il nuoto è ottimo per tutti i cani, anche per quelli che presentano problemi articolari: infatti, potenzia molto il fiato e i muscoli e non appesantisce le articolazioni.
Ma quali accorgimenti adottare? Ecco le regole da seguire per fare un bel bagno nel lago, in mare e nel fiume.

- **Bagno nel lago**: è la miglior piscina per avvicinare i cani a questo sport; normalmente, ha poche onde e se gli animali tentano di bere non saranno disgustati dal sapore salato dell'acqua come al mare. Attenzione a quei cani che hanno un istinto predatorio: potrebbero allontanarsi molto dalla riva per inseguire anatre o cigni.

- **Bagno in mare**: inizialmente le onde potrebbero preoccupare il cane; se è timoroso, non forziamolo ma incoraggiamolo attraverso l'uso di giocattoli. Dopo una bella nuotata ricordiamoci che occorre sciacquare il manto con acqua dolce.

- **Bagno nel fiume**: attenzione alla corrente anche per i più esperti nuotatori; se non si ha un totale controllo del cane non consentiamogli di buttarsi, anche se si tratta di fiumi piccoli.

Ci sono razze che hanno un'attitudine innata a nuotare, per cui la selezione ha potenziato quest'abilità: labrador, golden retriever, terranova ecc.

Splash!
Per alcune razze nuotare è un'attitudine innata... impossibile resistere al richiamo dell'acqua!

La famiglia "allargata"

I FAMILIARI OLTRE AL PROPRIETARIO

Come già sappiamo il cane è un animale sociale e in natura la sua famiglia è il branco, un nucleo all'interno del quale si sente protetto e al sicuro. Questo vale anche per il nuovo branco umano. Tutti i componenti della famiglia devono idealmente essere concordi e coerenti nella gestione e nei metodi educativi. Facciamo un esempio: se il proprietario gli vieta di salire sul divano ma un altro membro della famiglia glielo concede, il cane sarà confuso.

Ci vuole coerenza: le regole valgono per tutti i componenti della famiglia.

Comportamenti errati comuni che creano confusione nel cane

- A tavola qualcuno elargisce cibo.
- Qualcuno concede o, peggio ancora, invita il cane a saltargli addosso.
- Qualcuno concede di salire sul letto e/o sul divano.
- Al rientro a casa qualcuno ha manifestazioni eccessive di gioia quando vede il cane.
- Al rientro a casa qualcuno sgrida il cane se trova sporco o qualcosa di rotto.
- Qualcuno sgrida il cucciolo mentre fa la pipì in casa o, peggio ancora, lo sgrida a posteriori.

Tutti devono idealmente essere concordi e coerenti nella gestione e nei metodi educativi.

La famiglia
Il cane deve essere in grado di rapportarsi con gli altri umani, adulti e bambini, non soltanto con la sua guida.

GLI AMICI E I CONOSCENTI

Poiché il cane è un animale sociale è necessario che, fin dalla tenera età, possa conoscere/interagire con molte persone, sia in casa sia all'esterno; idealmente deve farlo con bambini, con donne, con uomini, con anziani. Più esperienze fa e meglio è, ricordandosi di procedere per gradi.

Se il nostro cane appare diffidente o timido è bene che l'approccio con estranei sia delicato, iniziando con gli individui che incutono meno timore.

Inoltre, inizialmente l'approccio deve avvenire con una persona alla volta, selezionando chi sa come interagire con un cane.

PER APPROFONDIRE

Per amici e conoscenti

È bene che i nostri amici/conoscenti sappiano come ci si approccia con il cane; ecco quello che devono sapere:

- Non ipereccitare il cane; evitare che salti addosso o perda l'autocontrollo; è bene trasmettere calma al cane: se noi siamo calmi anche il cane ne avrà giovamento.
- Farsi avvicinare dal cane e non viceversa, perché un cane spaventato può reagire.
- Non avvicinarsi al cane mentre mangia e dorme.
- Portare dei bocconcini premio soprattutto per i cani poco socievoli.

Facciamo un esempio: se un cane diffidente viene approcciato da un uomo grande e grosso, con il tono di voce grave che non conosce la comunicazione canina e si avvicina in maniera decisa, guardando negli occhi il cane e mettendo subito la mano sulla sua testa (sono tutti atti di dominanza per l'animale), è probabile che in futuro il cane sarà ancora più riluttante a conoscere persone.

Poiché il cane è un animale sociale è necessario che possa interagire con molte persone.

La mano sulla testa
I cani potrebbero non prendere bene una carezza sulla testa da parte di uno sconosciuto poiché si tratta di un gesto di dominanza.

I BAMBINI

La relazione cane-bambino

Il cane è nell'immaginario collettivo, e in particolar modo in quello del bambino, simbolo di fedeltà e lealtà, è il compagno che la maggior parte dei bambini vorrebbe avere accanto a sé. Per questo la relazione bambino-cane, se correttamente impostata, può essere portatrice di incredibili benefici per entrambi.

Molti, infatti, sono gli aspetti positivi di una convivenza fra un bambino e un cane: vivendo a stretto contatto con un cane, il bambino impara a essere responsabile di un altro essere vivente, assolvendo ai suoi bisogni primari e comprendendo l'importanza del rispetto delle regole; il cane può anche rappresentare una valvola di sfogo per gli eccessi sentimentali del bimbo, del suo bisogno di affetto.

Il cane può essere un prezioso compagno di gioco, in casa, come all'aperto. Con il suo amico a quattro zampe il bambino ha l'opportunità di fare esercizio fisico allontanandosi da tv e videogiochi; bimbo e cane imparano così a riconoscere i propri limiti e a non oltrepassarli, e in tal modo apprendono i comportamenti sociali. La convivenza con un cane non può che essere vantaggiosa a patto, però, che vi sia una giusta e opportuna informazione in materia.

Da questo deriva la necessità di far capire al bambino come sviluppare un rapporto armonioso con l'amico di tutti i giorni e come diventare in futuro un proprietario felice e responsabile.

Per proprietario responsabile si intende colui che soddisfa i bisogni primari del cane (mangiare, muoversi, sporcare) e secondari: sociali (interazione con cani, uomini), legali (iscrizione all'anagrafe canina) e non "condiziona" le persone che non vogliono interagire con gli animali.

Di notevole importanza è per il bambino capire come approcciarsi correttamente a un cane che non si conosce per evitare incomprensioni pericolose.

Il cane è il compagno che la maggior parte dei bambini vorrebbe avere accanto a sé.

L'arrivo di un fratellino non peloso – Se arriva un bebè

- Occorre arredare la nuova cameretta qualche mese prima della nascita.

- Portare il cane nella nuova cameretta, coccolarlo e farlo giocare.

- Far ascoltare audio che riproducono il pianto del bambini, all'inizio con un volume molto basso che poi verrà progressivamente aumentato. Mentre il cane è in ascolto è bene farlo giocare, così il pianto gli potrà ricordare un'esperienza piacevole.

- Quando nasce il bebè, è bene portare a casa dall'ospedale i vestitini e i pannolini per farli annusare, così inizierà la conoscenza olfattiva; gli indumenti non vanno però lasciati a disposizione del cane.

- All'arrivo del bimbo non bisogna escludere il cane ma continuare a giocare con lui; se si ha meno tempo, affidarsi a un buon dog sitter.

PER APPROFONDIRE

- È opportuno considerare il cane, quindi accarezzarlo e coccolarlo in presenza del bambino.

- **Esiste una regola assoluta, qualunque sia il cane: non si deve lasciare un bambino dai 3 ai 5 anni insieme a un cane senza sorveglianza.**

Il cane e il bebè
Se in casa arriva un bebè è bene che il cane non si senta trascurato ma impari a famigliarizzare con la nuova realtà.

GLI ALTRI ANIMALI IN CASA

Tutti i cani possono convivere bene con qualsiasi altro animale a patto che si rispettino queste regole:

- È bene far conoscere gli altri animali quando il cane è cucciolo.
- Il cucciolo è normalmente attratto da altri animali ma questi, specie se adulti, non saranno contenti di questa nuova presenza; procedere quindi a piccoli passi.
- Prestare attenzione se il nostro cucciolo/cane adulto ha per natura un istinto predatorio.

Quello che è importante è che non bisogna mai forzare l'incontro. È un errore prendere in braccio un gatto e avvicinarlo al cane: può risultare pericoloso per entrambi.

Cane-gatto? Chi l'ha detto che non si può?
Cane e gatto possono benissimo convivere pacificamente: l'importante è procedere nella conoscenza a piccoli passi.

LE PIANTE

Quando arriva un amico a quattro zampe occorre prestare attenzione alle piante cosiddette ornamentali che si hanno in casa e a quelle in giardino, perché ce ne sono molte tossiche. Queste vanno eliminate. Il cane, infatti, soprattutto se cucciolo, sperimenta con la bocca tutto ciò che lo circonda. Se proprio insistiamo nel voler comunque tenere in casa le piante non tossiche, ricordiamoci che il cucciolo amerà sradicare la pianta e distruggere il vaso; per non sgridarlo in continuazione, soprattutto se cucciolo, alla fine dovremo rinunciare alle nostre piante. Con buona pace della passione per il pollice verde!

PER APPROFONDIRE

Le principali piante velenose per il cane

- **Oleandro** (*Nerium oleander*): l'ingestione di foglie o di rametti causa disturbi cardiaci.
- **Stella di natale** (*Euphorbia pulcherrima*): l'intossicazione avviene per l'ingestione e/o masticazione di foglie o brattee, che determinano disturbi gastrointestinali. Il contatto con il lattice determina dermatiti.
- **Dieffenbachia** (*Dieffenbachia spp.*): la masticazione di foglie e steli causa grave irritazione al cavo orale e l'ingestione seri disturbi gastrointestinali.
- **Azalea** (*Rhododendron ssp.*): l'ingestione delle foglie causa disturbi gastrointestinali.
- **Agrifoglio** (*Ilex aquifolium*): le bacche rosse, se ingerite, causano disturbi gastrointestinali.
- **Vischio** (*Viscum album*): i frutti, se ingeriti, causano disturbi gastrointestinali e neurologici.

I cuccioli e le piante
Difficilmente riusciremo a tenere lontano un cucciolo da piante e vasi. Attenzione però a quelle tossiche.

I comportamenti scorretti o pericolosi

SE SCAPPA

I cani sono socievoli e curiosi: la maggior parte di loro esplorerebbe zone più ampie di quelle in cui vive, avendone la possibilità.

L'attitudine a fuggire da casa è molto frequente nei cani che hanno un passato da randagi o che provengono dal canile e si verifica normalmente quando sono lasciati da soli. In questi cani con un tale passato di abbandono alle spalle non è facile correggere la tendenza a scappare perché spesso soffrono di più la solitudine.

I cani, poi, possono tentare la fuga perché semplicemente si annoiano. Un altro motivo può essere l'accoppiamento: i maschi scappano perché possono essere attirati dalle femmine in calore mentre le femmine, se in calore, possono scappare per ricercare il compagno.

Nelle loro fughe i cani hanno la possibilità di sperimentare molte esperienze positive, come incontrare amici umani e canini, correre liberamente e annusare un mondo di odori. Tuttavia è estremamente pericoloso avere un cane che gira liberamente, nonché vietato per legge; il rischio di essere investiti o di causare incidenti è molto alto.

Che cosa fare

Per cercare di evitare che il cane scappi, innanzitutto occorre rendere l'ambiente dove vive il più gradevole possibile e nello stesso tempo più sicuro e seguire alcune accortezze.

- Realizziamo il cosiddetto arricchimento ambientale: lasciamo a disposizione i giochi passatempo, già descritti in precedenza.

- Riduciamo i tempi in cui il cane rimane da solo; se necessario affidiamoci ai dog sitter.

- Attrezziamo recinzioni adeguate e sicure perché, se il cane è già scappato, utilizzerà tutte le sue capacità

PER APPROFONDIRE

I più fuggitivi

- Cani che provengono dal canile.
- Cani maschi attirati dalle femmine in calore.
- Femmine in calore.
- Cani che rimangono soli per tanto tempo e che si annoiano terribilmente.

per rifarlo, rischiando a volte di ferirsi: se la recinzione termina con parti appuntite e il cane ha già provato a scappare è bene trovare un'altra soluzione per evitare che l'animale possa farsi molto male.

- Aumentiamo le uscite con passeggiate più lunghe.
- Rinforziamo gli esercizi di educazione di base.
- Se la fuga è originata dall'istinto di accoppiamento, potrebbe essere necessario sottoporre il cane maschio a castrazione (orchiectomia) e la femmina a sterilizzazione (ovariectomia).

Se scappa quando è libero

Quando i cani sono lasciati liberi può accadere che non rispondano al richiamo. Si tratta di un problema molto frequente, dettato anche dal fatto che in generale il cane necessita di esplorare ciò che sta intorno al suo territorio, anche se vive in un giardino grande.
Tuttavia la colpa di questa cattiva abitudine ad allontanarsi e a non tor-

nare se richiamato è spesso da imputare al proprietario che sgrida il cane se lo raggiunge in ritardo.

Per fortuna, rispetto alla fuga da casa la mancata risposta al richiamo è più facile da correggere.

Innanzitutto, iniziamo col fare un po' di prevenzione, facendo capire al cucciolo che quando è in passeggiata ed è libero, ci deve tenere sempre sotto controllo e che potremmo sparire da un momento all'altro.

Esercitiamoci in un bosco: il cane sarà libero davanti a noi e quando tenderà ad allontanarsi di più dovremo nasconderci dietro a un albero; quando dopo poco il cucciolo si girerà e non ci vedrà inizierà una ricerca immediata.

Un cucciolo che ha meno di cinque mesi non può gironzolare senza il suo proprietario, sarebbe troppo impaurito e quindi sicuramente ci verrà a cercare.

Per richiamarlo

Se durante la passeggiata il cane ha la tendenza a scappare ricordiamoci di portarci dietro dei giochi o dei bocconcini da utilizzare all'improvviso per stupire il cane e fargli capire che ha tutto da guadagnare se non ci perde di vista.

Come abbiamo già detto, il proprietario deve essere interessante agli occhi del suo cane: andiamo quindi in passeggiata avendo nelle tasche bocconcini gustosi e uno o più giocattoli. Utilizziamoli improvvisamente per stupire il cane.

Per prevenire e/o correggere tentativi di fughe, è necessario rinforzare progressivamente il comando "vieni": l'esercizio deve diventare un vero piacere e divertimento per il cane. Quindi, tutti i giorni, a casa o in giardino, occorre impartire il comando con voce festosa e appena arriva deve essere premiato con bocconcini prelibati; mai e poi mai si dovrà sgridare il cane se arriva in ritardo, nella testa del cane bisogna imprimere il messaggio che arrivare dal proprietario è sempre fonte di gioia.

Può anche essere utile provare a giocare a nascondino: una persona terrà fermo il cane e il proprietario dovrà nascondersi, quindi dirà "vieni", sempre con voce festosa. Tuttavia iniziamo questo esercizio in ambiente chiuso: solo quando sarà bravissimo in casa si potrà impostare lo stesso esercizio all'esterno.

Per prevenire e/o correggere tentativi di fughe è necessario rinforzare il comando "vieni".

PER RIASSUMERE

- Lasciare libero il cane sin da cucciolo.
- Abituarlo a tenerci sotto controllo.
- Fare più passeggiate e di maggior durata.
- In passeggiata portarsi sempre bocconcini e giocattoli.
- Potenziare gli esercizi di educazione di base, rinforzando il comando "vieni".

SE ABBAIA

L'abbaio è il tipico segnale vocale che il cane usa correttamente in alcune situazioni: quando fa la guardia o come invito al gioco, oppure, frequentemente, come ricerca d'attenzione da parte del proprietario.

I cani che abbaiano tanto sono abitualmente lasciati soli per troppo tempo e quando si ritrovano insieme al proprietario non vengono coinvolti in attività collaborative o, peggio ancora, non si sentono comunque parte del branco.

Can che abbaia...
Se il cane tende ad abbaiare ricordiamoci che la peggior punizione per lui è essere ignorato.

Un errore abbastanza comune è incentivare involontariamente il cane ad abbaiare. Facciamo un esempio: il cane è solo in una stanza o in giardino e abbaia insistentemente, allora ci presentiamo di fronte al cane e gli intimiamo "no" o facciamo il gesto di "picchiarlo". Tuttavia dobbiamo ricordare che la peggior punizione per il cane è essere ignorato e la maggior parte dei cani preferisce essere sgridato e/o ricevere una pacca sul sedere piuttosto che essere ignorato. In questa situazione è importante, quindi, evitare di presentarsi quando abbaia, ma farlo quando anche per pochi secondi cessa di abbaiare.

Per correggere l'eccessiva tendenza ad abbaiare impostiamo gli esercizi di educazione di base, puntando sulla calma e l'autocontrollo; tutte le volte che il cane sta seduto, senza abbaiare, deve essere premiato.

Inoltre, occorre aumentare l'esercizio fisico con almeno due passeggiate al dì, anche se il cane vive in giardino; poi bisogna proporgli giochi vari, dove oltre al fisico l'animale deve usare anche la mente.

Per correggere l'eccessiva tendenza ad abbaiare impostiamo gli esercizi di educazione di base.

PER RIASSUMERE

- Se il cane abbaia senza motivo ignorarlo.
- Premiarlo se rimane calmo e tranquillo.
- Puntare sugli esercizi di calma e autocontrollo.
- Proporre giochi d'attivazione mentale.
- Aumentare l'esercizio fisico.

Che gioia!
Le manifestazioni d'affetto eccessive e invadenti vanno subito arginate puntando su esercizi di calma e autocontrollo.

SE SALTA ADDOSSO

Il cane salta addosso per "fare le feste", dimostrare la sua gioia. Tuttavia è un comportamento che non dobbiamo consentire. Il giorno in cui saremo in abiti eleganti potremmo non gradire queste esuberanze!

Occorre prevenire: sin da cucciolo quando il cane ci viene incontro dobbiamo accucciarci e accarezzarlo solo se rimane giù a terra. Inoltre, poiché questo atteggiamento si verifica in quei cani che non hanno un buon autocontrollo, sarà importante lavorare sulla calma (vedi comandi base). Ricordiamo che poiché la peggior punizione per il cane è essere ignorato: quando salta addosso bisogna girarsi, dandogli le spalle, e non accarezzarlo né guardarlo. Ignorarlo, ignorarlo!

PER RIASSUMERE

- Non permettere che il cane salti addosso.
- Se lo fa, ignorarlo girandosi di spalle e non toccarlo.
- Puntare sugli esercizi di calma e autocontrollo.

SE DISTRUGGE: L'ANSIA DA SEPARAZIONE

Vi sono problemi che il cane manifesta esclusivamente quando è lasciato solo e l'insieme dei segni e sintomi prende il nome di ansia da separazione. Questa è una patologia grave e diffusa e colpisce frequentemente i cani che provengono da un canile. Non bisogna mai sottovalutare i primi sintomi e conviene effettuare una buona operazione di prevenzione anche nei cani asintomatici.

> ***L'ansia da separazione è una patologia grave che colpisce il cane quando è lasciato da solo.***

Che cos'è l'ansia da separazione

Si tratta di una patologia grave che colpisce il cane quando è lasciato da solo e può manifestarsi nei seguenti modi:

- Il cane si rifiuta di mangiare in assenza del proprietario.
- Distrugge la casa: porte, finestre sono i bersagli più comuni; il cane può farsi le unghie sul retro della porta o rosicchiarne la cornice, oppure si dedica a davanzali o tende. Questa è la frustrazione da barriere. Successivamente, potrà accanirsi anche su mobili, sedie, divani.
- Mugola, abbaia, guaisce anche per ore e mantiene il respiro affannoso.
- Urina e defeca in più posti.

Il cane che soffre di ansia da separazione mostra comportamenti ben precisi: segue sempre gli spostamenti del proprietario per non perderlo mai di vista, di notte dorme sul suo letto o accanto a lui, si sdraia sul divano attaccato al proprietario che guarda la tv; quando capisce che il proprietario uscirà si rannicchia, si nasconde oppure inizia a vagare, percorrendo celermente più volte lo stesso percorso.
Spesso comincia ad ansimare e/o mugolare.
Quando poi il proprietario rientra a casa inizia un esuberante rituale di benvenuto: corre verso il proprietario, gli salta addosso, lo lecca, abbaia, può cercare di mordicchiarlo per ipereccitazione.

Come curare l'ansia da separazione

Iniziamo con un programma di allenamento all'indipendenza.
Innanzitutto, rendiamo il cucciolo più sicuro e indipendente. Basterà seguire semplici consigli:

- Almeno per 10-20 minuti prima di uscire da casa non dare al cucciolo attenzioni, in modo da minimizzare il contrasto tra la propria presenza e l'assenza.

- Allo stesso modo, quando si rientrerà, mantenere un atteggiamento distaccato nei confronti del cane per 10-20 minuti, come se si fosse usciti e rientrati nell'arco di pochi minuti. Lo scopo è quello di attenuare le forti emozioni accumulate nel corso della giornata.

Che disastro!
Se il cane distrugge mezza casa in nostra assenza occorre subito correre ai ripari curando la sua ansia da separazione attraverso un programma di allenamento all'indipendenza.

Il cane è in grado di cogliere qualsiasi gesto che anticipa la partenza del proprietario.

- Quando si è insieme non soffocarlo con molte coccole, ricordandosi che la carezza è un premio e quindi va data quando il cane si comporta bene.

- Non farsi seguire per tutta la casa, perché se il cane diventa l'ombra del suo proprietario non riuscirà mai a superare il distacco da lui.

Proseguiamo nella nostra opera di allenamento all'indipendenza allestendo delle **finte uscite**.
L'obiettivo è quello di rendere insensibile il cane ai rituali che precedono l'uscita.
Il cane, infatti, è in grado di cogliere qualsiasi gesto che anticipa la partenza del proprietario, come il gesto di prendere le chiavi dell'auto, la giacca, il cappello, indossare le scarpe e avvicinarsi alla porta. Tutte queste azioni rendono ansioso il cane.
Ecco come possiamo fare:

- Quando si è davanti alla televisione e c'è la pubblicità, occorre alzarsi, indossare la giacca e fare un giretto in casa, oppure avvicinarsi alla porta d'uscita, abbassare la maniglia e poi tornare seduti sul divano.

- Indossare le scarpe solo per andare in bagno.

- Prendere le chiavi dell'auto e andare in camera da letto.

Molto importante, poi, è **far scaricare le energie del cane**.
Aumentiamo l'esercizio fisico: più passeggiate al giorno e di durata maggiore.
Proponiamo la "ginnastica mentale", di cui abbiamo già parlato (vedi p. 54), che fa stancare il cane e serve a migliorare il rapporto con lui.
Infatti, un tassello fondamentale contro l'ansia da separazione è proprio **rafforzare il rapporto cane-proprietario e la sua autostima**.
Costruiamo una solida relazione perché il cane riconosca nel proprietario

Per abituarlo a stare da solo
Per distrarlo dalla nostra uscita può essere utile dargli un osso di pelle di bufalo da rosicchiare.

una guida saggia: in questo modo il cane si sentirà più al sicuro. Il cane deve arrivare a pensare: «Se il mio proprietario mi ha lasciato nel suo territorio da solo è perché non devo temere nulla e ce la posso fare da solo!», «Io mi fido del mio proprietario!», «Il mio proprietario è una guida saggia».

In queste situazioni può essere utile ricorrere alla **tecnica del controcondizionamento**.
Che cosa significa? Vuol dire che dobbiamo far associare al cane circostanze piacevoli alla nostra uscita; dobbiamo puntare a capovolgere la situazione in modo che il cane non veda l'ora che il proprietario esca di casa.
Ecco come possiamo procedere 20 minuti prima di uscire:

- Lasciare un osso di pelle di bufalo da rosicchiare: per finirlo, al cane occorrerà tanto tempo; alcuni consigliano anche ossa vere crude, ma prestare attenzione affinché il cane non ingerisca pezzi troppo grossi.

- Proporgli una "palla attiva" con i fori: per prendere i bocconcini al suo interno il cane deve farla rotolare più volte.

- Proporgli dei giochi da masticare fatti con materiali indistruttibili e atossici (ad esempio il KONG©), all'interno dei quali si può spalmare del formaggio fresco o dell'omogenizzato di carne; per il cane rappresentano dei succulenti lecca lecca o dei ghiaccioli, se si è in estate e il giocattolo è stato messo nel freezer.

Un'altra soluzione può essere il **kennel**, il trasportino chiuso su tre lati: se il cane è abituato a usarlo lo considera la sua tana e non una gabbia. In nostra assenza si dovrà lasciare aperta la porta; l'uso del kennel nasce da una considerazione: un cane circondato da solide pareti si sente più sicuro di quando è in un luogo aperto.

Se tutto quanto detto finora non sortisce alcun effetto, nei casi gravi di ansia da separazione si potrebbe rendere necessaria la somministrazione di farmaci.

PER RIASSUMERE

Per prevenire l'ansia da separazione:

- Quando si sta insieme al cane evitare di farsi seguire per tutta la casa.
- Limitare tutto ciò che fa capire che si sta uscendo.
- Prima di uscire di casa ignorare il cucciolo per 10-20 minuti.
- Al rientro a casa ignorare il cucciolo per 10-20 minuti: non salutarlo, guardarlo, accarezzarlo.
- Simulare false uscite.
- Lasciargli dei passatempi durante le assenze.
- Abituarlo al kennel.

SE RINGHIA

Il ringhio è un segnale vocale preciso che utilizzano sia il lupo sia il cane quando vogliono allontanare la persona o l'animale che hanno di fronte. Questo segnale è accompagnato da una tipica mimica facciale.

Il cane può ringhiare **per paura** o **per dominanza**; se il cane ringhia è importante non avvicinarsi a lui perché potrebbe aggredire.

Il cane non dovrebbe mai ringhiare al proprio proprietario; ma spesso lo fa quando mangia, quando dorme, o quando viene toccato in alcune parti del corpo. Questo denuncia che il nostro cane non ci vede come guida ed è bene correre ai ripari precocemente.

Sono io il capo!
Il cane può ringhiare per esprimere la sua dominanza: tuttavia ciò non dovrebbe mai accadere nei confronti del proprietario.

Perché il cane ringhia

- **Il cane ha paura**: ci possiamo trovare di fronte a un cane timido e diffidente che ha paura di essere aggredito: ringhiando cerca di comunicare e far capire di non avvicinarsi a lui.

«TEMO CHE TU MI FACCIA DEL MALE» ➜ «VAI VIA!»

- **Il cane vuole fare il capo**: il capo ha il diritto di decidere quando e quanto mangiare, dormire, essere accarezzato. Se diamo troppi privilegi e poche regole il cane si sentirà autorizzato a ringhiare per far capire chi è il leader.

POCHE REGOLE E TANTI PRIVILEGI ➜ «SONO IO IL CAPO!»

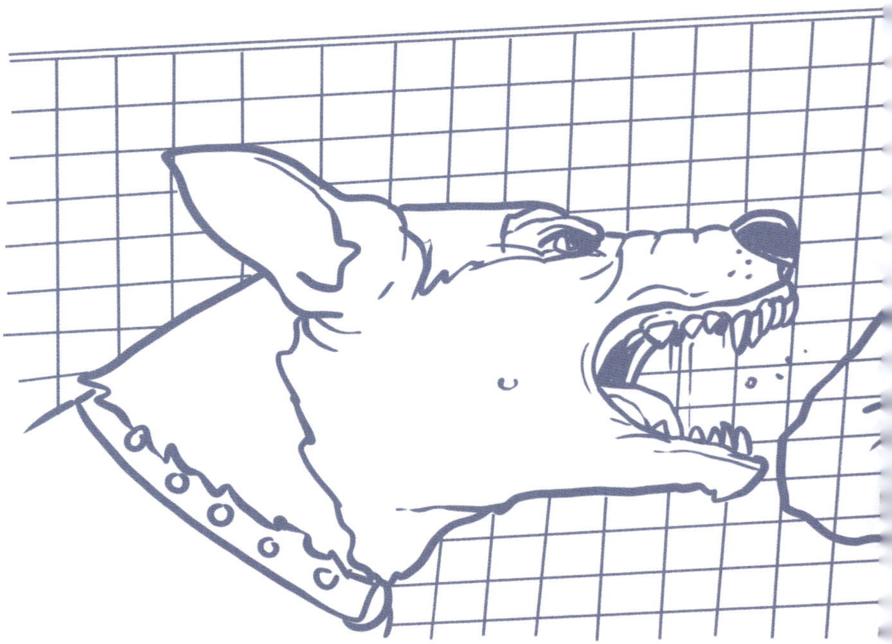

Che cosa fare

Se il cane **ringhia per paura** occorre capire ciò che fa insorgere in lui preoccupazione e di conseguenza intraprendere la strada della desensibilizzazione.

Facciamo un esempio: se il cane ha paura degli uomini e non delle donne, l'obiettivo sarà di fargli capire che gli uomini sono innocui e addirittura possono essere fonte di piacere.

Procediamo così:

- Invitare a casa un uomo (a cui precedentemente spiegare come comportarsi).
- Far entrare l'uomo in casa senza che guardi il cane, girando la testa dalla parte opposta del cane,

Con gli estranei
Il cane che ha paura degli estranei
può ringhiare e mostrare i denti per far capire di non avvicinarsi a lui.

con passo lento e usando un tono dolce.

- L'uomo dovrà tenere nelle mani dei bocconcini, tipo wurstel.
- Non farlo avvicinare in alcun modo al cane.
- Se il cane spontaneamente si avvicina, l'uomo dovrà lanciargli qualche bocconcino.

Se il cane **ringhia per rivendicare il suo status** bisogna togliergli dei privilegi, come quello di dormire sul divano o sul letto, prendere coccole a più non posso, e introdurre regole ben precise: non concedere cibo da tavola, richiedere sempre il comando "seduto" prima di abbassare la ciotola, prima di mettere il guinzaglio e prima di dargli una carezza.

Teniamo bene a mente una cosa: non rischiamo mai di andare al confronto/scontro diretto con un cane che ringhia perché pensa di essere il leader. Utilizziamo tutte le tecniche del metodo dolce per riacquisire il nostro ruolo di capo e guida sicura.

Attenzione: mai andare allo scontro diretto con un cane che ringhia.

PER RIASSUMERE

- Se il cane ringhia per paura di qualcuno, fargli capire che non è una minaccia (anzi è fonte di piacere) attraverso la tecnica della desensibilizzazione.
- Se il cane ringhia perché si sente il leader, fissare regole e ristabilire i ruoli utilizzando sempre le tecniche del metodo dolce.

SE MORDE

Se il cane mordicchia le mani

I cuccioli lo fanno frequentemente ma se continuano da adulti la colpa è spesso da attribuire al proprietario. Non si deve mai consentire ai cani di mordicchiare mani e piedi per gioco. I cuccioli, più degli adulti, necessitano di mordere, così come le razze da difesa mordono più delle altre: per consentirgli di sfogare i loro istinti dovremo fornire loro giocattoli adeguati per la masticazione e sicuri, cioè di dimensioni adeguate per non essere ingoiati, realizzati in materiali atossici e indistruttibili.

Se il cane morde altri cani

Lo scontro occasionale con i coospecifici è normale per la vita da branco. Ovviamente è più probabile che si scatenino risse tra cani dello stesso sesso, soprattutto tra maschi. Se però avviene con tutti i cani vuol dire che non lo si è fatto socializzare in modo corretto nei primi mesi di vita (vedi p. 89).

Le liti possono innescarsi di frequente se facciamo interagire cani legati al guinzaglio: soprattutto se è legato per il collare, infatti, il cane non può comunicare il suo stato d'animo all'altro cane. Inoltre, il guinzaglio è la prosecuzione del suo proprietario

PER APPROFONDIRE

Per evitare risse

- Far avvicinare i cani se sono liberi.
- Se hanno la pettorina è possibile avvicinarli ad altri cani ma il guinzaglio non deve essere teso.

Rissa!
Le liti fra cani possono avvenire ma se sono sistemiche vuol dire che il cane non ha ricevuto una corretta socializzazione da piccolo.

e il cane si sente in dovere di difenderlo. Se poi ha paura, sa che se è legato non ha una via di fuga.

Le cagne possono essere aggressive in particolari periodi dovuti agli ormoni femminili: nel post gravidanza la cagna proteggerà i suoi cuccioli, ma anche nella falsa gravidanza (o pseudociesi), quando si verifica una produzione di latte senza avere i cuccioli, la cagna proteggerà alcuni giocattoli, surrogati di cuccioli.

Se il cane morde gli estranei

Il cane è un animale territoriale: per lui è fondamentale difendere il proprio territorio da chiunque; questa caratteristica è maggiormente sviluppata nei cani da guardia, selezionati dall'uomo per difendere lui o il territorio.

Se il cane si vede avvicinare uno sconosciuto, che gli mette improvvisamente una mano sulla testa, si spaventerà.

Per evitare di essere morsi da un cane da guardia occorre evitare di entrare nel suo territorio se non si è accompagnati dal proprietario. E se, nonostante la presenza del proprietario, il cane cerca di attaccare l'estraneo significa che per il cane il proprietario non è il suo leader, la sua guida.
Se il cane mostra eccessiva paura/diffidenza/aggressività verso le persone estranee è probabile che nei primi mesi di vita non abbia avuto la possibilità di interagire con le persone (con uomini, donne, bambini, anziani). Da qui l'importanza di esporre precocemente e gradualmente i cuccioli alle varie tipologie di persone, e ciò deve essere fatto nei primi mesi di vita per evitare danni a volte irreparabili.
Per correre ai ripari e mettere in campo la strategia giusta per correggere tale comportamento occorre capire perché morde.

- **Il cane morde per paura**: l'estraneo che vede per la prima volta un cane e si approccia in modo scorretto rischia di essere morso; se il cane si vede avvicinare uno sconosciuto, magari grande e grosso, che gli mette improvvisamente una mano sulla testa, si spaventerà e ringhierà e/o morderà. Ecco come deve avvenire l'approccio a un cane sconosciuto: il cane dovrebbe spontaneamente avvicinarsi allo sconosciuto; se non lo fa, non insistere nel richiamarlo; la persona dovrebbe allungare la mano per farla annusare al cane e se il cane non indietreggia è possibile accarezzarlo in modo delicato sotto il collo o sul petto.

- **Il cane morde per difendere il territorio**: è possibile entrare nel territorio del cane sempre solo se è presente il proprietario. Se il cane vuol fare di testa sua non ascoltando il proprietario e cerca di aggredire l'estraneo nonostante il disappunto del pro-

Se ti raggiungo...

Alcuni cani rincorrono podisti, ciclisti, motociclisti ecc. perché per loro sono prede e se riescono a raggiungerle arriveranno a mordere.

prietario, bisognerà rinchiudere il cane all'arrivo della persona e lavorare per acquisire il ruolo di buona guida per il cane, seguendo le tecniche del metodo dolce che abbiamo imparato a conoscere.

- **Il cane morde perché non è abituato a essere manipolato**: il proprietario deve manipolare tutti i giorni il cane toccandogli le orecchie, le unghie, la coda e l'area anale: se il cane non ama farsi manipolare dal suo proprietario, di certo se un estraneo si azzarderà a toccargli qualcuna di queste regioni del corpo rischierà di essere morso.

- **Il cane morde per irritazione**: ciò significa che morde se è infastidito e lo può fare verso gli estranei o verso il proprietario. Di questa eventualità torniamo a parlare più diffusamente più avanti.

Il cane non dovrebbe mai mordere il proprio proprietario.

- **Il cane morde per istinto predatorio**: alcuni cani rincorrono podisti, ciclisti, motociclisti perché per loro sono come prede e se riescono a raggiungerle arriveranno a mordere. Se l'inseguimento è fatto da un gruppo di cani, risulterà più violento a causa della competizione degli individui. Con questa aggressività non si scherza: cane e proprietario dovranno seguire uno specifico programma di rieducazione; il proprietario dovrà avere il controllo totale del suo cane e si insegnerà al cane un'alternativa all'inseguimento.

Se il cane morde il proprietario

Quando arriva in famiglia, il cane crede di trovarsi in un branco di suoi simili: e, come abbiamo già visto, in ogni branco che si rispetti esiste una scala gerarchica. Per il cane il ruolo gerarchico è importantissimo, perché le gerarchie sono fondamentali per la sopravvivenza del branco. Spesso, purtroppo, consideriamo il cane un bambino e gli diamo troppi privilegi: coccole a volontà, cibo a volontà e a ogni ora, via libera a dormire sul divano e/o sul nostro letto, libertà di abbaiare verso il primo che capiti a tiro e di giocare con qualsiasi oggetto della casa.

Con questo comportamento conferiamo al cane un ruolo gerarchico elevatissimo: possiamo dire che l'abbiamo eletto nostro capobranco. Il cane si è quindi convinto che noi siamo i suoi sottoposti e da capo si può permettere di non ascoltare il proprietario e di ringhiare se mangia, se dorme, se viene maneggiato e può arrivare anche a mordere se il proprietario non fa quello che lui vuole.

Per porre rimedio è necessario togliere i privilegi e introdurre le regole.

Se il cane ha già morso il suo proprietario è bene che cane e proprietario vengano seguiti da un medico veterinario comportamentalista.

Dammi da mangiare altrimenti...

Alcuni cani diventano aggressivi nel momento in cui sono infastiditi, scontenti, nervosi per un qualche motivo, come la fame o la sete. Per questo tipo di aggressività il rimedio consiste nel soddisfare i loro bisogni.

Esiste anche un'**aggressività per irritazione**, che è un'aggressività difensiva molto moderata che ha una sequenza esplicita; è l'aggressione tipica del cane irritabile, nervoso, scontento, infastidito, esasperato, maltrattato, trattenuto, tormentato ecc. Facciamo alcuni esempi:

- Gli viene impedito di mangiare e bere se ha molta fame e/o sete.

- Vede un gioco che successivamente è reso inaccessibile.

- La vista gli si riduce per colpa del pelo che copre gli occhi.

- Se il cane ha dolore in qualche parte del corpo è sufficiente che la persona si avvicini al punto dove sente dolore pur senza toccarlo direttamente; è tipico del cane anziano, con tutte le problematiche osteoarticolari che insorgono con l'età.

Per questo tipo di aggressività il trattamento consiste nel soddisfare i bisogni e attuare delle cure analgesiche.

PER RIASSUMERE

Per prevenire in generale che morda, il cane ha bisogno di sapere che fa parte della famiglia e necessita di comprendere qual è il suo ruolo all'interno.

Quindi è necessario:

- Stabilire che il proprietario è il leader, non il cane.

- Impartire regole precise.

- Non sfidare mai un cane che ringhia.

- Non sottovalutare segnali di disagio/insofferenza del cane.

- Affidarsi a un medico veterinario comportamentalista se comunque il cane ha morso.

LE PAURE

Le paure sono molto diffuse nei nostri amici a quattro zampe e per questo non bisogna mai sottovalutarle per una corretta educazione.

La paura del temporale

La paura del temporale è molto diffusa e la causa è da attribuirsi da una parte a una predisposizione ereditaria e dall'altra all'esperienza.

Ad oggi non si sa che cosa in realtà spaventi l'animale: può essere il rumore del tuono, il fischio del vento, il cambio di pressione, i campi elettromagnetici o i flash dei lampi.

Il cane che ha paura ha manifestazioni tipiche: bocca aperta, fiato grosso, ipersalivazione; può inoltre essere molto irrequieto oppure rigido, quasi paralizzato.

Che paura!
I cani che hanno paura del temporale tendono a nascondersi.

Il cane come **reazione**
- cerca di nascondersi in posti angusti;
- cerca di scappare.

Normalmente, per tutti i tipi di paure o fobie si attua quel processo che prende il nome di desensibilizzazione, cioè presentare l'insieme di eventi che scatenano la paura in maniera delicata e graduale e far in modo che il cane si abitui e capisca, attraverso distrazioni e giochi, che quei rumori non scatenano niente di terribile.
Tuttavia è difficile desensibilizzare il cane verso la paura dei temporali perché non è possibile ricreare la situazione atmosferica con il vento, il buio, la pressione ecc.

Per il cucciolo possiamo fare **prevenzione**:
- Affiancarlo a un cane che non ha paura.

- Mantenere un atteggiamento che deve trasmettere sicurezza, evitando di agitarsi o usare un tono di voce squillante.

- Distrarlo, ad esempio proponendo dei giochi.

Tuttavia, che cosa fare se il cane manifesta paura?

- Se vive all'esterno portarlo in casa o in garage.

- Se ha la tendenza a nascondersi, abituarlo al kennel, così si sentirà più sicuro nella sua tana.

- Se vuole seguirci e stare attaccati a noi non coccolarlo, non sgridarlo, ma assumere un atteggiamento che infonda sicurezza.

- Accendere lo stereo, la radio o la televisione facendo ascoltare musica per attenuare il rumore dei tuoni.

- Chiudere tapparelle e persiane per attenuare il flash dei fulmini.

- Evitare che il cane accumuli elettricità, quindi lasciarlo in luoghi elettricamente meglio isolati (ad esempio, il bagno che con i tubi in metallo è un ottimo isolante).

La paura del temporale è molto diffusa.

La paura dei fuochi d'artificio e dei botti

Per molti cani è un evento terribile, in quanto intenso e saltuario, che non permette di abituarsi gradualmente. Mai sottovalutarli perché è un problema che con il tempo tende a peggiorare; alcuni cani in preda al terrore cercano di scappare in tutti i modi e rischiano di farsi male.

Per il cucciolo possiamo fare **prevenzione**:

- Lasciarlo poco tempo da solo per evitare che in nostra assenza senta uno sparo e insorga una paura più grande, dovuta alla mancanza della sua guida saggia.

- Essere sempre pronti in caso di uno sparo improvviso a compor-

In caso di botti e fuochi d'artificio
Come per il temporale, anche in questo caso i cani tendono a scappare impauriti e a rintanarsi in luoghi angusti.

tarci nel modo corretto per trasmettere sicurezza: far finta che non sia successo nulla e proporre qualcosa che lo distragga, tipo un esercizio di educazione o un giocattolo. Non coccolarlo per evitare di far capire al cane che è giusto che abbia paura, ma nemmeno sgridarlo perché il cane, come gli esseri umani, non decide razionalmente se aver paura o meno.

- Se si sa che ci saranno i fuochi d'artificio, attenuare la percezione dei rumori e la visione dei flash come per la paura dei temporali: accendere radio, tv, musica; chiudere tapparelle e persiane.
- Far ascoltare cd che riproducono il rumore degli spari: dapprima con un volume bassissimo, quasi impercettibile, e intraprendere qualche attività con il nostro cane, come gli esercizi di educazione o dei giochi.

Tuttavia, che cosa fare se il cane manifesta paura nei confronti dei fuochi di artificio? Seguiamo gli stessi accorgimenti che abbiamo visto per affrontare la paura del temporale.
Nei casi gravi di manifestazioni di paure sia per i temporali sia per i fuochi d'artificio, per evitare autotraumatismi (cioè lesioni che il cane si autoinfligge), il medico veterinario può prescrivere alcuni farmaci deputati.

PER RIASSUMERE

In caso di temporale e fuochi da artificio

- Accedere tv, radio, stereo e far ascoltare musica per coprire il più possibile i rumori esterni.
- Abbassare tapparelle e persiane per limitare i flash di fulmini e fuochi d'artificio.
- Assumere un atteggiamento calmo da guida sicura.
- Distrarre il cane con esercizi di educazione o giochi.

Ringraziamenti

Ringrazio tutti i miei cani perché hanno portato tanta gioia nella mia vita e mi sono stati sempre vicini. Non riesco a immaginare una vita senza questi amici speciali.
A Jack: sei stato il mio primo cane, desiderato, sognato e la fortuna ha voluto che ti presentassi, magro e ammalato, davanti al ristorante di mamma e papà.
A Cindy, adottata all'età di tredici anni: sarebbe stato magnifico averti conosciuto prima, così avresti evitato sei anni di canile!!! È incredibile il legame fortissimo che hai stretto con me e Angelo sin dal primo giorno in cui sei entrata nella nostra casa.
A Whisky, un cane, un amore, una potenza, una grinta, un'intelligenza rara: ho fatto di tutto con te e sempre ti sei distinto, in Protezione civile come ricerca persone, nell'*obedience* e nell'*agility dog* (né in allenamento né in gara hai mai fatto cadere un'astina...); come maestro nelle scuole elementari hai stupito e divertito molti bimbi e sei stato il loro idolo. Grazie alle tue capacità di apprendimento e alla tua voglia di imparare, mi hai fatto capire l'importanza di una buona e corretta educazione e i benefici che questa produce nel rafforzare il binomio cane-proprietario. Tutto quello che ho imparato da te, anche se non ci sei più, rimarrà per sempre.
Alle mie attuali pelose, Candy e Heidi: avete una doppia attitudine che io adoro; siete tranquille e perfette cagnolone da salotto e nello stesso tempo scatenatissime ed energiche nello sport. Ottime collaboratrici nelle attività di *pet therapy*, anche voi modello per bambini e anziani.
In sedici anni, ho sperimentato metodi educativi diversi e non sempre sono stati da me condivisi ma ritengo che tutti siano stati utili ed essenziali per le mie attuali opinioni sull'educazione canina.
Ringrazio tutti gli insegnanti della cinofilia e tutte le persone semplicemente appassionate che hanno contribuito alla mia formazione: i corsi e gli stage presso il centro cinofilo Little Castle e il centro cinofilo dei Sette Laghi per l'*agility dog* e *obedience*, il gruppo cinofilo della Protezione civile di Laveno Mombello, Luino e Vedano Olona, il G.R.C.I (Golden Retriever Club Italiano), il Retrievers Club Italiano.